L'ACCORDÉON DE MON PÈRE

DU MÊME AUTEUR

Pétrole, la 3ᵉ guerre mondiale, Calmann-Lévy, 1974.

Après Mao, les managers, Fayolle, 1977.

Bokassa Iᵉʳ, Alain Moreau, 1977.

Les Émirs de la République,
en collaboration avec Jean-Pierre Séréni, Seuil, 1982.

Les Deux Bombes, Fayard, 1982 ; nouvelle édition, 1991.

Affaires africaines, Fayard, 1983.

V, l'affaire des « avions renifleurs », Fayard, 1984.

Les Chapellières, récit, Albin Michel, 1987.

La Menace, Fayard, 1988.

L'Argent noir, Fayard, 1988.

L'Homme de l'ombre, Fayard, 1990.

Vol UT 772, Stock, 1992.

Le Mystérieux Docteur Martin, Fayard, 1993.

Une jeunesse française, François Mitterrand, 1934-1947, Fayard, 1994.

L'Extrémiste, François Genoud, de Hitler à Carlos, Fayard, 1996.

TF1, un pouvoir,
en collaboration avec Christophe Nick, Fayard, 1997.

Vies et morts de Jean Moulin, Fayard, 1998.

La Diabolique de Caluire, Fayard, 1999.

Bethléem en Palestine,
en collaboration avec Richard Labévière, Fayard, 1999.

Manipulations africaines, Plon, 2001.

Dernières volontés, derniers combats, dernières souffrances, Plon, 2002.

Marcel Dassault ou les ailes du pouvoir,
en collaboration avc Guy Vadepied, Fayard, 2003.

La Face cachée du Monde. *Du contre-pouvoir aux abus de pouvoir,*
en collaboration avec Philippe Cohen, Mille et une nuits, 2003.

Main basse sur Alger : enquête sur un pillage, juillet 1830, Plon, 2004.

Noires Fureurs, blancs menteurs : Rwanda, 1990-1994,
Mille et une nuits, 2005.

Pierre Péan

L'accordéon
de mon père

Une enquête intime

Fayard

À Marie Foin, mon amie centenaire, partie après avoir redonné vie à l'oncle Édouard, et au St-Michel-et-Chanveaux d'antan, son village natal.

I

La montre d'Édouard, le poilu

L'accordéon de mon père est longtemps resté chez ma sœur. J'y pensais de temps à autre. Je me rappelle avoir vu jouer mon père, mais ce souvenir remonte à mon enfance. Je pensais souvent à cet instrument, j'espérais un jour le récupérer. Je n'avais nullement l'intention de me mettre moi-même à en jouer, ni même à spéculer sur un objet ancien dont la réparation me coûterait sans doute plus cher que sa valeur en soi. Simplement, cet accordéon avait de l'importance pour moi. Pourquoi, je ne savais pas bien.

C'est peu après la disparition de ma mère que l'instrument de musique a atterri chez moi. Je le laissai d'abord sur un bureau jonché de livres et de documents : mes enquêtes en cours. Ma mère venait de mourir des suites de la maladie d'Alzheimer. Elle était allée rejoindre mon père, décédé en 1987. Pendant onze ans, je n'avais pas eu d'autre choix que voir ma mère inerte, absente à elle-même, dans une chambre d'hospice. Elle était devenue un corps alimenté dont l'âme s'était envolée, ce qui ne simplifie guère le rapport entre un fils et celle qui l'a mis au monde.

Au début de l'été 2003, à la suite de *La Face cachée du* Monde, j'éprouvai le besoin de me retirer de l'actualité. J'en avais eu ma part. J'avais été longuement sous les feux des médias. Je déteste les moments où mes enquêtes me font passer du statut de regardant à celui de regardé. J'aime le travail d'enquêteur quand, en tirant sur un fil, je sens que des faits jusque-là inconnus – ou que je crois tels, ce qui revient au même – font surface. Cela se passe la plupart du temps dans mon bureau, ou en rencontrant des personnes que je n'aurais jamais croisées en d'autres circonstances. Assis à mon bureau, je retrouve dans une patiente solitude ce plaisir que mon père essayait de me faire partager quand il m'emmenait à la pêche, enfant.

Souvent, les épreuves, les tourmentes – et l'âge ! – poussent les gens à s'intéresser à leurs aïeux. Je n'allais pas échafauder d'arbre généalogique : mon cousin Gérard en avait établi un très complet du côté de la famille maternelle. Mais je décidai de me pencher à ma manière sur le destin d'un homme dont mon père m'avait beaucoup parlé : son frère Édouard, un oncle que je ne connus jamais et pour cause : il est mort en 1917 au Chemin des Dames.

Pourquoi l'oncle Édouard. Peut-être pour son destin tragique, à la fois si bien connu des Français – un poilu parmi tant d'autres morts au Chemin des Dames ! – et si peu connu de moi. Il hantait mon esprit, mon père en avait fait un héros familial. À travers cette figure disparue, mon père faisait passer un peu de sa tristesse que je n'ai jamais identifiée comme telle de son vivant. J'avais envie de découvrir la vérité sur Édouard, de contempler les endroits qu'il avait vus, de fouler les chemins qu'il avait parcourus. Je désirais savoir si quelqu'un, aujourd'hui, pourrait encore me parler de lui, s'il restait des témoins de son existence. J'étais – je suis toujours – fasciné par la proximité et l'éloignement qui caractérisent cet homme : à la fois mon oncle, et un soldat mort durant la Première Guerre mondiale. Je ne savais pas grand-chose de ces jeunes gens qui disparurent par centaines de milliers entre 1914 et 1918. L'oncle Édouard était peut-être aussi la personne la plus indiquée pour me permettre de mieux connaître la branche paternelle de ma famille, quelqu'un d'assez mystérieux, en tout cas, pour exciter ma curiosité, et encore assez proche puisqu'il avait repris vie par la bouche de mon père.

On ne fait pas d'un chat un chien. Ainsi, depuis mon bureau d'abord, grâce à mon téléphone et à Internet, j'entamai ma recherche. Je souriais parfois à l'idée d'appliquer ma méthode de travail à un sujet qui ne concernait en rien une affaire d'État ou tel ou tel « personnage important », mais un homme qui n'exista pour presque personne, qui ne compta pour presque personne, qui ne fut qu'un simple matricule pour un état-major cherchant à tout prix à combler les vides laissés par les hécatombes de 1916. J'avais consacré une enquête à François Mitterrand, je pouvais bien en consacrer une à un soldat inconnu. Cela satisfaisait le respect dû aux petites gens que mes parents – presque avec obsession, car finalement se définissant eux-mêmes comme tels – avaient cherché à m'inculquer.

Cela commençait bien : je récupérai rapidement des objets ayant appartenu à l'oncle Édouard. J'eus pendant des mois à mes côtés son portrait de jeune soldat au 66e régiment d'infanterie. Cette photo avait été conservée comme une image pieuse par ma grand-mère paternelle, puis, après 1951, par ma tante Marie. C'est mon père qui l'avait récupérée peu avant sa mort, sans doute mû par cette volonté de rassembler les traces des êtres qui avaient compté dans sa propre vie. Ma sœur me remit aussi une montre-gousset ayant appartenu à Édouard. Je passai beaucoup de temps à l'examiner. Cet objet dans le creux de ma main avait un fort pouvoir émotionnel. Son cadran en émail était fêlé par endroits ; le boîtier aussi avait reçu quelques coups, et je me suis pris alors à imaginer cette montre, témoin du bruit et de la fureur des tranchées. Je la voyais dans une poche. Je voyais Édouard regarder l'heure, mais à quoi servait-il de savoir l'heure qu'il était alors que, dans l'obscurité des boyaux, les repères constamment chamboulés sous le feu des attaques et le poids de la fatigue, la nuit et le jour se confondaient ?

Sur quelques fiches cartonnées, comme c'est chez moi l'habitude, j'avais noté sa date de naissance, 1er mai 1897 ; son lieu de naissance, ce n'était pas la peine puisque c'était le même que celui de mon père, Saint-Michel-et-Chanveaux ; quelques événements de sa courte vie, piochés dans ma mémoire, ainsi que la date de sa mort, le 14 juillet 1917. Mais, je dois l'avouer, je n'avançais pas beaucoup. Je ne savais au juste par quel bout prendre son histoire. Sur la route qui mène à Saint-Michel-et-Chanveaux, je choisis de faire halte pour rendre visite à ma mère en son hospice. Je n'avais pas été très assidu et je peux même dire que pendant deux ans je n'avais pas remis les pieds dans sa chambre. J'éprouvais le sentiment que tout était fini, que ma présence était inutile. L'image de la mort qu'elle me présentait me faisait fuir. Enfin j'y retournai une première fois. Je pris alors l'habitude, à chacune de mes visites, de lui parler. Je ne savais pas si cela lui faisait quelque chose, si elle m'entendait, me comprenait. Tout se passait en moi. Peu avant sa mort, donc, ma mère m'a entendu évoquer Édouard. Devant elle, inerte, je me pliai à l'exercice qui consiste à expliquer ce que l'on fait à quelqu'un qui ne répond pas. Pourtant, à quelques reprises, ses réactions m'encouragèrent. Ce ne fut pas un réveil, mais des râles, ou encore une main nerveuse qui se radoucit à l'approche de la mienne ou à l'écoute de quelques noms prononcés. Je me souviens de lui avoir dit que je ne savais pas encore ce que je ferais de mes trouvailles sur Édouard, mais qu'en tout état de cause je réunirais tous les éléments de son histoire pour les transmettre à mes enfants et à mes petits-enfants. Ainsi j'assurais à ma mère qu'on ne les oublierait pas et que cette famille d'aujourd'hui − et de demain − aurait vent, d'une façon ou d'une autre, de la vie qu'ils avaient eue tous, tous ces membres qu'elle-même avait connus ou pas, mais qui avaient fait partie de son univers mental, de ses souvenirs ou de ses fantasmes.

Après une première alerte un mois plus tôt, Alice Péan s'est éteinte sans la moindre convulsion ni le moindre râle, à 8 h 16, le 11 décembre 2004. Quelques minutes plus tard, à quelques centaines de kilomètres de là, je tâtonnai pour localiser la sonnerie avant de comprendre qu'il s'agissait de mon téléphone portable. Ma sœur m'annonçait la nouvelle qui mit quelque temps à atteindre mon cerveau. Je m'en voulus de ma première réaction : j'étais presque content, en tout cas soulagé.

Je me souvenais de ma journée de la veille. Une dizaine d'heures avant qu'elle ne cesse de respirer, je m'étais attablé dans ma chambre de l'hôtel d'Angleterre, à Salon-de-Provence. J'avais griffonné quelques lignes sur la montre-gousset de l'oncle Édouard, consignant le résultat de l'expertise de mon horloger. Quelques jours plus tôt, après examen, la loupe collée à l'œil, il avait rendu sa sentence : « La montre s'est arrêtée entre 5 heures et demie et six heures moins le quart. » Je décrivais le cadran en émail, ses chiffres romains, sa marque : Rouault, à Pouancé. Bizarrement, j'étais aussi satisfait que si j'avais rédigé un chapitre entier. Il n'y avait pourtant pas de quoi se pâmer. J'avais cependant le sentiment que mon histoire pouvait commencer. J'ai beau traquer constamment la pensée magique chez moi comme chez les autres – parce que j'ai bien conscience d'en être encore tout imprégné –, j'ai du mal à ne pas voir des signes dans la conjonction de certains faits. Or c'était un peu comme si ma mère, sachant qu'elle allait mourir dans les heures à venir, m'avait envoyé un ultime message, en m'autorisant à commencer ce livre. C'est ainsi, en tout cas, que je l'ai ressenti. Dans mon imagination, elle me murmurait : « Maintenant tu peux y aller ; tu peux raconter mon histoire et celle d'Eugène, ton père ; tu peux retrouver, puis dénouer un à un, avec précaution, les fils invisibles qui nous rattachent et nous emprisonnent depuis si longtemps. Ces fils qui, toute ma vie, ont été comme des chaîncs trop lourdes à porter, douloureuses, et qui m'ont embrouillé l'esprit au point que j'ai préféré les occulter en m'enfermant dans un profond silence, une mémoire gommée. »

Si j'ai bien conscience que le hasard a joué ici un rôle capital, j'allais comprendre pourquoi, durant plusieurs mois, je n'avais guère avancé sur Édouard. La source de ce blocage s'appelait Alice Péan.

Quelques jours plus tard, je me retrouvai assis au premier rang face à l'autel de l'église Notre-Dame à Sablé-sur-Sarthe. Alice reposait à quelques mètres de moi. Je l'avais revue une dernière fois quelques minutes avant l'office, à la maison funéraire située près du cimetière. Comme dans les immeubles modernes, j'avais dû composer un code pour pénétrer dans sa dernière demeure. Alice avait repris forme humaine, son menton ne pendait plus, décroché, son visage était reposé et elle me paraissait incroyablement rajeunie. À plus de quatre-vingt-quinze ans, sa peau semblait fraîche, sans rides. Quelque chose me troublait cependant : son visage dans la mort avait pris les traits de Jeanne, sa propre sœur, décédée quelques années plus tôt de la même maladie, cette douce extinction de la mémoire. N'eût été ce « détail », j'étais presque heureux de l'avoir retrouvée telle qu'elle avait été avant le naufrage de son cerveau. Malgré le tragique, l'inéluctable de l'instant, mon esprit revenait obstinément sur cette idée de mémoire qui m'obsédait particulièrement depuis qu'Alice avait tout oublié. Adolescent, je pestais déjà contre mon incapacité à retenir tout un poème. Il y a longtemps que j'ai compris que ma seule façon de me souvenir d'un événement est de le consigner par écrit, généralement sur un cahier à spirale. Un voleur m'a ainsi emporté tout un pan de ma mémoire en brisant, à Saint-Denis, la vitre de ma voiture et en dérobant un précieux cahier sur lequel j'avais noté, visite après visite, l'agonie et les dernières paroles d'un ami très cher.

Sur le parvis de l'église Notre-Dame, des amis d'enfance vinrent me saluer ; je ne pus les reconnaître tous. J'avais encore le regard rivé sur les cinq peintures murales qui ornent le chœur de l'église, au-delà du vieil autel de marbre blanc. Dans mon enfance, le curé Renard avait célébré les grand-messes de ma communion solennelle, de ma confirmation et tant d'autres offices devant ces mêmes peintures. Alors que ma mère était étendue dans son cercueil, mes yeux ne pouvaient se détacher des scènes représentées : d'une débauche de ciels roses aux nuages nacrés, un ange émerge ; plus bas, Jésus, assis au pied d'un olivier, siège au milieu de quatre autres anges aux ailes déployées qui lui lavent les pieds et semblent à sa dévotion. À droite, Marie, vêtue de bleu, en contrebas d'une modeste masure en torchis, vient de donner naissance à l'Enfant Jésus, enveloppé dans les plis de sa jupe. Modeste et admiratif, Joseph se tient à ses côtés, ainsi que quatre personnages qui pourraient être les Rois mages. Le troisième tableau représente l'Immaculée Conception. Au milieu de nuages percés par le soleil, Marie, transfigurée, est en lévitation, entourée d'angelots joufflus et espiègles qui dansent une sarabande pour fêter une grossesse survenue malgré l'éloignement de Joseph. La peinture d'à côté montre Marie au pied de la Croix. Le ciel est sombre, menaçant ; une femme enlace la Croix. Marie a le visage pétrifié de douleur et se tord les mains en signe d'impuissance ; à ses pieds gît le corps blême et sans vie de son fils. À sa gauche et à sa droite, deux femmes la soutiennent. Que vient faire en cette compagnie, dans le cinquième tableau, la lapidation de saint Étienne ?

Si, en quelques minutes, je pus ainsi tester mes réminiscences catéchistiques, j'eus en revanche le sentiment de voir ces tableaux pour la première fois. Mes yeux revinrent vers le cercueil, j'écoutai les belles paroles du successeur du curé Renard. Puis ma sœur livra à l'assistance un secret qu'Alice lui avait révélé au début de sa maladie : son incapacité à l'aimer ! Le long silence d'Alice avait permis à ma sœur, semble-t-il, de faire la paix avec elle. Puis ce fut à mon tour de prendre la parole, et, sans nous être concertés, je choisis de livrer moi aussi quelques paroles mystérieuses qu'Alice m'avait confiées dans le délire précédant son entrée dans l'interminable tunnel :

– Je me trouvais belle, mais je ne pouvais le faire valoir, à cause de tout ce qui s'est passé…

– À quoi penses-tu ? lui avais-je demandé.

– À tous mes trous… C'est pas facile à dire…

Le cercueil descendit rejoindre celui d'Eugène, installé là depuis déjà dix-sept ans. Annie, ma sœur, entonna une chanson de notre enfance qu'Alice aimait bien : *J'ai descendu dans mon jardin / Pour y cueillir du romarin / Gentil coquelicot, mesdames…* Cousins, cousines, descendants et amis proches ou lointains jetèrent des roses.

Tout était fini. Non : à partir de là, tout pouvait commencer.

II

Eugène, coiffeur à Sablé

Mon père était coiffeur à Sablé-sur-Sarthe. Le salon de coiffure du faubourg Saint-Nicolas a fait partie intégrante de mon univers d'enfant et d'adolescent. J'y allais fréquemment, puisque mon père y exerçait ses talents et que ma mère occupait une bonne partie de son temps soit à faire la barbe aux vieux clients, soit à rendre la monnaie à la caisse. Même quand je me tenais à la cuisine pour faire mes devoirs, jouer avec ma sœur ou des amis, j'entendais tout ce qui s'y déroulait, tant la porte de séparation laissait passer la voix de stentor de mon père. Il pérorait, interpellait, bousculait à tout bout de champ ses clients tandis que ses ciseaux cliquetaient à une vitesse impressionnante en fondant sur leurs nuques. Il y avait quelque chose d'incongru dans le contraste entre son aspect physique de lutteur turc – un mètre soixante d'énergie, râblé, large d'épaules – et la dextérité de ses doigts, entièrement consacrés à l'esthétique du cheveu. Il exerça ce métier pendant près d'un demi-siècle. Coiffeur ne recouvre qu'imparfaitement la réalité de son activité. Un tiret suivi d'un autre mot seraient nécessaires pour mieux la qualifier. J'hésite. Orateur ? Bonimenteur ? Parleur ? « Convainqueur » ? Mon père avait toujours quelque chose à dire, quels que fussent les sujets abordés. Il saoulait, noyait ses clients sous une cataracte de mots. Il cherchait toujours à avoir le dernier. Il parlait, parlait, parlait encore, tournant comme un forcené autour du client – dois-je dire de la victime ? Pourtant, à de rares exceptions près, on revenait volontiers chez Eugène, « coiffeur pour hommes », qui dégageait bien la nuque tout en vous remplissant les oreilles. Je l'ai rarement entendu parler à voix basse. Sans cesse, il tentait d'instaurer un débat impliquant non seulement les deux ou trois clients installés avec leur peignoir, leur serviette blanche autour du cou, dans les fauteuils autour desquels tournaient mon père et son ou ses deux ouvriers, mais aussi bien les clients qui attendaient leur tour. Il était content quand le salon se transformait en assemblée. C'est évidemment lui qui lançait le sujet, avec une prédilection pour la politique, le mépris des fonctionnaires envers les petits artisans, la guerre et donc longtemps les Boches, l'injustice sous toutes ses formes... Chez

Eugène, on commentait l'actualité tant internationale que régionale ou locale. Il n'hésitait pas à exposer son point de vue, lançait des « C'est faux, c'est faux ! » tandis que ma mère soupirait, effrayée à l'idée qu'il risquait de se fâcher avec un client ou qu'on puisse dire de lui : « C'est un gueulard. » Mais, après ses provocations, mon père savait recouvrer une voix suave, argumenter calmement, écouter, se retrouver imperceptiblement d'accord avec son ou ses clients et même abonder dans leur sens, oubliant qu'il s'était emporté pour imposer une vérité différente. Eugène avait obtenu ce qu'il voulait et ce qui le faisait vivre : l'échange, le simple et animal réconfort d'exister et de se faire valoir aux yeux d'autrui.

Au retour de la guerre, en 1945, Eugène avait, par la force des choses, revêtu la tunique du héros. En permanence se succédaient à la maison les copains de combat et les compagnons d'infortune rencontrés au STO. Ses actes de bravoure enflammaient mon imagination. Notamment lorsqu'il nous racontait la fois où il s'était porté volontaire pour une mission éminemment dangereuse et en était revenu avec une partie de son casque arrachée par les balles allemandes ! Comme tant d'autres qui avaient vu la mort de près, Eugène débordait d'énergie et croquait la vie à pleines dents. Avec son accordéon, il nous

– un « nous » assez large comprenant non seulement ma mère, ma sœur et moi, mais aussi le cercle des amis datant de la guerre, du séjour en Allemagne, et ceux du voisinage – entraînait irrésistiblement dans un tourbillon de mazurkas, de javas, de valses et de polkas qui m'enchantaient. À ce souvenir aussi joyeux qu'imprécis, comme la plupart d'entre eux, je suis maintenant en mesure d'accoler une photo que j'ai trouvée (retrouvée ?) en menant mon enquête. Elle a été prise sitôt après son conseil de révision. Casquette de guingois, pantalon rayé, insignes de la classe 33 accrochés au revers du veston, petit sourire en coin, mon père tient son accordéon, le soufflet complètement déployé. Quatre compagnons de la même classe l'entourent. Peut-être mon père a-t-il joué – ou s'apprête-t-il à jouer – une valse musette ou une java. Quand il avait dix-huit, vingt ans, il animait les bals des alentours avec un petit *band* constitué de quelques copains. Il n'avait évidemment jamais appris le solfège. Eugène avait hérité de l'oreille d'Adolphe, son père, et pouvait reproduire sur son accordéon ou sur un harmonica n'importe quel morceau de musique entendu une seule fois. L'accordéon est intimement lié à la belle époque de mon enfance : mes parents chantaient et dansaient pour un oui pour un non.

Je ne peux non plus penser à ces années d'après-guerre sans mentionner le vélo qui occupa une place prééminente dans mon enfance. Or le vélo, c'était aussi mon père. Passionné de cyclisme, il faisait les courses de vétérans, entraînait les coureurs de la Pédale sabolienne, et avait même acheté pour cela un *derny*, un vélomoteur spécial doté d'un gros réservoir situé au-dessous du guidon. J'aimais le suivre dans les courses du dimanche, me tenir tout près des coureurs avant le départ alors qu'il leur prodiguait ses ultimes conseils ; j'aimais l'odeur d'embrocation passée sur les mollets rasés et brillants des compétiteurs. Pendant les courses, je prenais fait et cause pour l'un d'eux... J'ai utilisé mon premier argent – gagné en récoltant des haricots verts du côté de Saumur – à acheter une paire de chaussures cyclistes. J'entends encore la voix si particulière de Georges Briquet, à la radio, alors qu'Apo Lazaridès s'envolait dans le Tourmalet. Je vois le tableau noir où Robert Desmots, le marchand de vélos-motos, voisin et ami de mon père, inscrivait à la craie les résultats de chaque étape du Tour de France... J'arrête là ces souvenirs vélocipédiques qui, chez moi, ont complètement submergé, voire effacé les autres. Je m'aperçois que je pourrais remonter – ou descendre – une bonne dizaines d'années de ma jeunesse en faisant défiler les seules images liées à la « petite reine » et en évoquant mes émotions à feuilleter chaque semaine *Miroir Sprint* et *Miroir des sports*, à l'intérieur desquels je pouvais toucher du doigt mes stars couleur sépia.

En ces années-là, vélo rimait avec accordéon et bal musette, si bien que mes héros ne s'appelaient ni Mozart, ni Picasso ni Flaubert, mais André Verchuren, Yvette Horner, Fausto Coppi, Gino Bartali et Pierrot Barbotin.

Avant de refermer ma boîte « vélos », il me faut évoquer deux noms qui ont enchanté mon enfance : Maurice Pelé et Roger Lambrecht. Ne cherchez pas, vous ne trouverez pas. Le premier, en sus d'être mon cousin, avait, comme on disait, une bonne « pointe de vitesse » grâce à laquelle il remportait beaucoup de courses de pardon, en Bretagne. Tous les lundis matin, je me précipitais sur la page « Cyclisme » d'*Ouest-France* pour trouver son nom et exhiber ensuite l'article à mes copains. Le second, Roger Lambrecht, était surnommé « le Belge de Saint-Pol-de-Léon » et appartenait à l'équipe Stella. Il finit cinquième du Tour de France de 1948. Cette année-là – à moins que ce ne soit une autre –, j'avais le cœur qui battait fort ; alors que la caravane du Tour était déjà passée depuis plusieurs minutes et dans un grand concert de klaxons et de cris, le peloton, venant de Saumur, traversait Bagneux, et mes yeux cherchaient Lambrecht au milieu. Les coureurs sont passés. L'ai-je vu ? Je me rappelle avoir fait de grands efforts pour me convaincre que je l'avais bien vu. Et pourtant, il avait une gueule caractéristique, marquée par la vie, par je ne sais quoi… Grâce à ses « exploits », j'ai longtemps rêvé de devenir moi-même coureur cycliste, de faire le Tour de France. Oserai-je dire que ne l'avoir pas fait est le seul vrai regret de ma vie ?

Mon père m'avait également communiqué son goût pour la pêche. J'aimais préparer lignes et appâts pour le lendemain matin. Partir aux aurores, pédaler dans la fraîcheur piquante du petit jour sur quelques kilomètres, s'installer les pieds dans la rosée, sur les berges de la Sarthe, tandis que les nappes de brume n'en finissaient pas de se dissiper et s'étiraient, comme en suspension au-dessus de la rivière. Mon père était fier lorsqu'il me voyait ramener un poisson dans le bateau bloqué par deux piquets de bois à quelques mètres de la rive. J'admirais sa chance et sa technique qui nous faisaient rentrer à la maison la mine réjouie et les filets remplis.

Je n'étais pas le seul avec qui il aimait partager son infatigable énergie et son intarissable besoin de communiquer : en sus d'être dirigeant d'équipe cycliste, c'était aussi un as de la boule de fort, sport qu'on ne pratique qu'en Anjou et dans le Maine qui le jouxte. Il faisait également partie du « patro », l'Étoile sabolienne, l'association catholique. Son amour de la vie nous éclaboussait tous et tout en lui le célébrait : son goût pour la danse, le chant, les jeux de société, l'accordéon, l'harmonica, cette façon exubérante, bien à lui, d'interpeller les uns et les autres dans le salon de coiffure aussi bien qu'en pleine rue.

Pendant quelques années, Alice a bien tenté de suivre cette boule d'énergie qu'était mon père, mais elle s'est vite essoufflée et s'est progressivement retirée de cette course effrénée pour demeurer de plus en plus souvent à la maison. Elle a dès lors changé de registre. Elle s'évadait chaque semaine en écoutant *Reine d'un jour*, une émission animée par Jean Nohain, sur Radio-Luxembourg. Elle répondait aux questions du concours, espérant en secret que son tour à elle viendrait d'être la reine ou la princesse incontestée de quelqu'un ou d'une contrée imaginaire. Maman faisait aussi tous les concours de *Ouest-France*...

Pas causante, Alice était peu démonstrative, mais j'ai toujours été convaincu qu'elle m'aimait, et à un point tel que ma sœur prétendait même avoir été exclue de ce « tête-à-tête ». Sans jamais le faire sentir explicitement, elle avait progressivement créé de la distance entre moi et mon père, soulignant par de simples froncements de sourcils ou

un œil un peu plus sombre telle ou telle manifesta-
tion de sa dureté, de sa vulgarité ou de son
machisme. Elle avait cherché à établir avec moi
une sorte de connivence et se moquait en silence
de son côté Tartarin et hâbleur, de son penchant à
toujours vouloir montrer sa supériorité sur les
autres. Elle avait réussi à modifier mon regard sur
lui et j'en étais arrivé à ne plus supporter sa façon
d'aborder les gens, quand bien même il entendait
leur montrer que j'étais « le plus intelligent, le plus
fort », que j'avais « de bonnes notes à l'école » et
combien il en était fier.

C'est ainsi que je finis par voir mon père par les
yeux de ma mère qui l'avait campé dans la position
d'un tyran domestique, du rustre qui ignore les
bonnes manières et qui, suprême faute de goût, ne
sait pas rester à sa place. Car, pour Alice, chacun
occupait une place immuable dans la société et se
devait d'y rester. Et, quoi qu'il advînt, pas de quartier : ce qu'on faisait était ou bien ou mal. L'effa-
cement, la modestie étaient érigés chez elle en
vertus cardinales. J'ai été élevé selon ce postulat
définitif : « Le moi est haïssable. » Même si, paradoxalement, le visage de ma mère trahissait de
temps à autre un étrange sentiment de supériorité.
Sûre d'être dans son bon droit, respectant des
valeurs qu'elle estimait probablement émaner d'un
monde supérieur, elle se sentait appartenir à une

élite. Nous n'allions d'ailleurs pratiquement jamais dans la famille de mon père, probablement trop pauvre, trop inculte. Trop, trop peu...

Je pensais alors que mon père écrasait ma mère, j'ai adhéré à sa vision, je me suis coulé dans son regard et j'en suis presque honteux aujourd'hui. En la suivant aveuglément, je suis en effet largement passé à côté dc lui. Honteux, je le suis carrément, de n'être pas allé à l'enterrement de Marie, la sœur de mon père, laveuse à Pouancé, Marie au joli sourire et aux yeux rieurs qui disait sans relâche qu'il y avait plus malheureux qu'elle. Curieusement, mes parents ne m'avaient pas avisé de son décès...

S'était-il passé quelque chose de grave entre Alice et Eugène ? S'était-elle sentie trahie par lui ? Je ne l'ai jamais su et n'ai plus aucun moyen de le savoir, puisque je suis incapable de situer l'année ou même l'époque de cet important tournant. J'enrage une fois de plus des mauvais tours que me joue ma mémoire. Je sais seulement qu'un jour mon père, que la musique habitait et rendait si joyeux, cessa de jouer de l'accordéon. Sans pouvoir étayer mon affirmation sur un seul fait précis, j'associe la relégation de cet instrument magique à des rapports plus difficiles entre nous et celui qui savait en sortir des ritournelles. Je le trouvais plus dur, bourru, autoritaire, mais aussi plus sombre quand il passait de son salon à la cuisine, centre de la vie familiale. Seul endroit chauffé en hiver, à part le salon, c'était celui où l'on prenait les repas, où l'on discutait, où l'on écoutait la radio et où je faisais mes devoirs... C'est cette image de mon père qui devait occulter les autres et perdurer.

Pourtant, combien de fois n'ai-je pas entendu, caché derrière la porte, mon « ogre » de père débiter des gentillesses sur son fils à des clients qui n'en pouvaient mais... Figaro ne m'a pas manifesté son amour, comme l'attendait le garçonnet que j'étais, mais il m'aimait assurément de toutes ses forces, de tout son désir de me sortir de ce qu'il pensait être l'ornière de la fatalité : « Les gueux ça suffit, on a assez donné... » Il était avant tout fier de moi. Il me bousculait parfois avec rudesse, mais il était prêt à se « saigner aux quatre veines » pour me permettre de faire de longues études, tout en assortissant cet engagement de ce que je considérais alors comme une menace : « Je suis prêt à te payer des études, mais si tu redoubles une classe, je te mets apprenti boucher ! » Il voulait que je devienne chirurgien, ou en tout cas que j'exerce plus tard une profession qui susciterait le respect et l'admiration des clients du coiffeur de la rue Saint-Nicolas... Cette certitude que mon père était prêt à tout pour me propulser hors de son monde ne corrigeait pourtant qu'imparfaitement le regard que je portais sur lui.

C'est ainsi que, épousant le regard d'Alice, je me suis davantage intéressé aux histoires de ma mère et de sa famille qu'à celles de mon père et de la sienne. D'autant plus que la discrétion de ma mère exacerbait ma curiosité.

En 1987, je publiai un livre intitulé *Les Chapellières*. C'était la première fois que mon goût pour l'enquête s'orientait sur des personnages historiques. J'y brossais l'histoire de deux familles, l'une de propriétaires terriens (du domaine des Chapellières), l'autre de métayers et de domestiques. Leurs destins se croisaient avant, pendant et après la Révolution. Les métayers dont je racontais la destinée comptaient parmi les ancêtres de ma mère.

Ce livre avait lui aussi une longue histoire. À la fin des années 1940, les récits de guerre d'Eugène, ceux d'Allemagne, la misère de son enfance furent discrètement occultés par ceux de ma mère, mais de surcroît dévalorisés comme l'était tout ce qui émanait directement ou indirectement de lui et des siens. Ma mère avait commencé à me conter les légendes de sa propre famille, plus précisément celle de Jean Terrien, redoutable chef chouan dont le nom de guerre était *Cœur de Lion*. La maréchaussée y tenait le mauvais rôle face à ce Robin des Bois contre-révolutionnaire : Cœur de Lion lui échappait toujours grâce à son habileté et à la complicité des paysans qui lui donnaient asile.

J'étais curieux de cette histoire et d'autant plus réceptif que dans les institutions que j'ai fréquentées de 1945 à 1955, maîtres et professeurs n'avaient pas digéré la Constitution civile du clergé et nourrissaient encore un profond ressentiment envers la Révolution. J'ai ainsi appris dans un livre édité par la maison Mame les regrettables « erreurs » de la Constituante qui avait bouleversé la France en précipitant les réformes, et blessé profondément les consciences en voulant imposer aux prêtres cette Constitution civile du clergé si contraire aux lois de l'Église. J'y ai aussi découvert les « Géants », qualificatif respectueux donné aux Vendéens et aux chouans opposés à cette Convention. Et pour avoir bien chanté à la chorale de Saint-Julien, j'ai reçu un volume hagiographique sur Charette !

Sur ce terreau fertile des légendes chouannes, l'histoire de Cœur de Lion croissait et embellissait sans que j'y prisse garde. Les travaux généalogiques de mon parrain, oncle Pierre, le frère d'Alice, dont j'ai retrouvé les documents à la maison, décrivaient scrupuleusement nos liens avec ce héros et avec les Terrien. Ses écrits dactylographiés donnaient crédit et importance aux dires de ma mère. Voici ce qu'ils disent : « Traqué sans discontinuer par la police de Louis-Philippe, ne mangeant pas toujours à sa faim, Cœur de Lion mena une vie errante pendant plusieurs années, obligé de changer constamment de cachette. Il avait alors plus de soixante-six ans. Mais, doté d'une vigueur physique et morale extraordinaire, il pouvait courir longtemps, sauter barrières [et] échaliers, fossés et ruisseaux ; il déjoua ainsi tous les pièges, ne fut jamais pris ni trahi, ni abandonné par ses fidèles. »

Si oncle Pierre campait avec un talent certain le portrait du héros désigné de la famille, il faisait aussi la part belle à une inconnue du grand public, une ancêtre directe, Françoise Terrien, née Moulin, cousine de Cœur de Lion, qui exploitait avec son mari la métairie de Gâtines, située à Issé, tout près de Châteaubriant, appartenant à la famille Defermon. Dans la tradition familiale, c'est elle qui incarnait les vertus cardinales des nôtres. Jugez plutôt :

« Elle avait acheté pour cent sous à la famille de Fermond le château et les terres de Gâtines, et un jour s'en alla à pied, en sabots, portant précieusement ses titres de propriété bien protégés dans son tablier, pour défendre ses droits devant le tribunal et sauver ses biens menacés de confiscation (signe de déférence envers l'ancien maître de la famille, il lui avait fait don au passage d'une particule, son nom sonnant peut-être par trop républicain !). Puis, le moment venu, fidèle à la parole donnée, elle rendit tous ses biens à ses maîtres à leur retour d'émigration. »

Pendant une trentaine d'années, j'avais laissé dormir en paix Cœur de Lion et sa fidèle et respectueuse cousine. À cause d'un très fort attachement à la République et à ses valeurs ? En bon fils (aussi), j'avais fait les chères études souhaitées par mon père. Quoique profondément « Bleu », je n'en gardais pas moins une grande tendresse pour ma chouanne de mère. Armé de mon (seul) stylo, je ferraillais contre les « méchants » et traquais les injustices. Et ce n'est qu'à la suite d'une enquête plus « sensible » que les autres, où des menaces visant ma personne s'étaient faites bien réelles, que je me décidai à prendre un peu de champ. Pour la première fois de ma vie, en 1983-1984, je me posai des questions sur mon métier, le sens de la vie et… la mort. Interrogations qui m'ont tout naturellement reconduit vers mes ancêtres et les légendes de ma mère. La lecture du *Roman de Sophie Trébuchet*, qui met en scène Cœur de Lion et Julie Péan, servante de la mère de Victor Hugo, fut un des déclics qui me propulsèrent, quelques semaines plus tard, sur les routes qu'avait empruntées deux siècles plus tôt le chef chouan de la famille maternelle, puis aux Archives départementales de Nantes. J'étais décidé à vérifier ce qui avait pour de bon existé des histoires d'Alice.

Cette démarche me semblait alors à la fois le fruit de la maturité et de l'indépendance d'esprit. Il me fallut encore nombre d'années pour comprendre qu'un autre déclic, plus important que la lecture du *Roman de Sophie Trébuchet*, avait été l'œuvre de ma mère. Une petite scène qui se situe à Sablé, hors ma présence, dans la cuisine de mes parents, en octobre 1983, aide à comprendre mon immersion dans ces légendes. Ce matin-là, comme tous les matins, ma mère lisait *Ouest-France*. Elle avait une façon bien à elle de le lire : elle l'étalait sur la table de la cuisine après avoir nettoyé et séché la toile cirée, puis elle promenait sa tête au-dessus des articles. Elle tomba alors en arrêt sur la nécrologie de Paul Ginoux-Defermon, ancien conseiller général de Moisdon-la-Rivière, la lut et la relut lentement, puis s'en alla chercher ses ciseaux de couturière et la découpa. Elle rangea ensuite le précieux carré de journal dans le buffet et ce n'est que quelques mois plus tard qu'elle me le montra de façon presque anodine, et, me le remettant, déclencha ma quête. C'était un morceau du puzzle qui prenait place auprès des papiers de l'oncle Pierre.

En me lançant dans cette aventure, j'entrai dans le jeu de piste initié par ma mère tout en respectant la sélection volontaire qu'elle avait opérée. Sur la centaine de mes ancêtres qui avaient vécu sous la Révolution, et parmi la sélection effectuée par ses soins, un seul se détachait. Celui-ci avait eu l'honneur de passer au travers des mailles de son impitoyable filet et de parvenir jusqu'à nous par l'intermédiaire de mon arrière-grand-mère, Alice Terrien, dont je me souviens fort bien et qui est décédée peu après la guerre.

Si Cœur de Lion se laissa facilement découvrir, c'est qu'il avait légué de très mauvais souvenirs à tous ceux qui l'avaient pourchassé, comme le général Lazare Hoche, mais surtout aux familles victimes de ses nombreux meurtres. Et qu'il en avait laissé de très bons, cette fois, aux défenseurs du Trône et de l'Autel, comme le maréchal Bourmont, auteur de la prise d'Alger, et la duchesse de Berry pour sa vaillance et sa fidélité. Nombreux sont les documents consultés qui témoignent de la véracité des récits de ma mère.

Au-delà de ce premier plaisir fait à Alice, je découvris l'existence d'une terre autre que celle de Gâtines, appartenant elle aussi à la famille Defermon. C'étaient les Chapellières, où naquit Jacques Defermon, l'un des sept députés bretons de la Constituante qui formèrent le Club breton, devenu plus tard le fameux Club des jacobins. Aux Chapellières vivait encore, sous la Révolution, le père de Cœur de Lion, métayer, et quelques-uns de ses enfants.

Mes recherches se révélaient suffisamment fruc-
tueuses pour me permettre de reconstituer – en
partant de la même terre – les destins croisés du
chef chouan et du révolutionnaire qui, plus tard,
allait devenir comte d'Empire et l'un des plus
proches conseillers financiers de Napoléon. En
rédigeant cette histoire, je réconciliais mon cœur
et ma raison, effectuant l'impossible rappro-
chement du Blanc et du Bleu. J'aimais également
les relations enchevêtrées et les contacts multiples
qui s'étaient développés sur plus d'un siècle et demi
entre les maîtres, les Defermon, et leurs métayers,
domestiques et servantes, les Terrien. Pendant la
Révolution, les Defermon (à l'exception de
Jacques, le révolutionnaire, et de Jean, le préfet) et
les Terrien complotèrent ensemble, s'entraidèrent,
se cachèrent ; un abbé Defermon maria même
Cœur de Lion. Durant presque tout le XIXe siècle,
les Terrien continuèrent, à Gâtines, à servir la
famille Defermon, devenue Ginoux-Defermon,
mais ayant manifestement perdu une part de son
statut antérieur. Puis mon arrière-grand-mère,
accompagnée de ses filles, quitta Issé et ne s'en
remit jamais ; en signe de son appartenance sans
faille, jusqu'à la fin de sa vie elle porta encore la
coiffe d'Issé, marquant par là son attachement à la
terre et au domaine qui l'avaient vue naître. Elle
parlait de Gâtines comme d'un paradis perdu, et

des Ginoux-Defermon comme de dieux vivants qu'elle avait, en d'autres temps, eu le privilège d'approcher.

J'ai constaté les traces de ce lien entre les deux familles sans comprendre ce qui le motivait. Les causes devaient en être puissantes, puisque quelque quatre-vingt-dix ans après le départ de Gâtines des Terrien, ma mère, la petite-fille d'Alice Terrien, gardait encore en mémoire les Ginoux-Defermon au point de découper la nécrologie de l'un d'eux dans *Ouest-France*. Ce faisant, ma mère me transmit à son tour insidieusement l'impérieuse obligation morale de conserver en mémoire ce fil unissant les deux familles, aux fins de le transmettre un jour.

À la parution du livre en 1987, des liens furent renoués entre les descendants des maîtres et ceux des métayers et serviteurs de Gâtines et des Chapellières. Conscient que j'avais fait la part belle aux Terrien et donc à ma mère, j'évoquais toutefois, en préambule au récit, quelques beaux souvenirs de mon père quand il vivait, avec son propre père bûcheron, dans les huttes de la forêt de Chanveaux. Ce n'était pas assez, je le savais. Mais il me remercia du court passage consacré à sa famille, et de ne l'avoir pas oublié.

Le livre étant à la veille de paraître, Alice avait la hantise qu'y soient révélés des secrets familiaux inavouables, ou, comme elle l'aurait dit elle-même, « des choses pas bien » sur la famille Terrien. Mais le terrible secret de famille dont j'avais eu connaissance n'avait rien à faire dans l'histoire des Chapellières. Quand elle referma le livre, Alice me manifesta son bonheur et son soulagement. Son fils était décidément un bon fils. Quant à mon père, je pense qu'il feignit d'en être content, alors qu'il était déjà submergé par une infinie tristesse et n'avait plus goût à rien.

Quelques mois plus tard, au cours d'une partie de pêche, alors qu'il se tenait face à la mer dans le port de La Turballe, au côté d'Alice, Eugène s'écroula, foudroyé. La relation que j'avais eue avec lui pendant une bonne partie de ma vie, la distance qui nous séparait, malgré les mots que nous pouvions prononcer, ne m'avaient pas préparé à la peine que j'éprouvai quand ma mère m'apprit la nouvelle. Je pris ma voiture pour aller voir sa dépouille à la morgue de Saint-Nazaire. Son enterrement me bouleversa. Il eut droit à une affluence digne d'un ministre en l'église de Sablé-sur-Sarthe, trop petite pour contenir tous ceux qui l'aimaient et pleuraient sa disparition. Le petit coiffeur de la rue Saint-Nicolas, si modeste qu'eût été sa condition, avait souvent été un confident, et son salon le lieu où l'on déposait son fardeau de chagrins ou de secrets. Tous les débats qu'il avait eus avec ses clients et qu'avait toujours redoutés ma mère avaient fait de lui un homme encore plus vivant que les autres, et sa mort affectait tout un chacun. Je découvrais non sans surprise et émotion des « petites gens » qu'il avait aidées sans le faire savoir, des parents qu'il avait continué à voir fidèlement sans que nous fussions au courant. Je vois encore un de ses anciens ouvriers, littéralement anéanti, ne pouvant contenir sa détresse. Je n'avais décidément pas compris grand-chose à mon père.

III

Une légende chouanne

Je devais bien revenir un jour à Saint Michel-et-Chanveaux. Je n'en avais gardé pratiquement aucun souvenir. Je n'y étais pas souvent venu dans mon enfance, car ce lieu était celui de mon père. Il était toutefois difficile de se rendre dans le village où était née ma mère sans passer par celui de mon père : Juigné-des-Moutiers et Saint-Michel-et-Chanveaux ne sont distants que de quatre kilomètres. À vol d'oiseau, leurs maisons natales ne doivent guère être éloignées de plus de deux kilomètres. Je n'y ai plus de proches parents depuis 1936, mais le lien avec ce lieu ne s'est jamais trouvé tout à fait rompu. Depuis mon enfance, le nom de Saint-Michel-et-Chanveaux, comme ceux des bourgs avoisinants, résonne à mon oreille comme un morceau de comptine que je me surprends à fredonner avec enchantement, scandant chaque syllabe, les mélangeant, les intervertissant à loisir : Jui-gné-des-Mou-tiers, La Pré-vière, Pou-ancé, Noël-let, Com-brée. Des noms de lieux qui revenaient constamment dans les conversations de mes parents et grands-parents. De cette chansonnette le sens s'estompait certes au fil du temps, mais elle me rattachait toujours à ce petit village. Comme si, en martelant tendrement et inlassablement cet air-là, je voulais m'assurer que je le garderais vivant en moi jusqu'au jour de mon retour.

J'ai toujours eu, rangées dans ma mémoire, des bribes d'histoires merveilleuses impossibles à raconter à Paris, que j'associais à Saint-Michel-et-Chanveaux et à Juigné-des-Moutiers. Légendes autour de tombes et de calvaires qui ont leurs racines dans l'impitoyable guerre entre Bleus et Blancs dans les grandes forêts alentour, notamment dans celle de Juigné. Légendes qui présentent d'ailleurs la particularité d'avoir en général une double lecture : les martyrs honorés pouvant être ou bleus ou blancs. Tout le monde là-bas connaît encore la tombe des Fombrayeux (les fombrayeux étaient ces journaliers qui allaient de ferme en ferme, à Pâques et à la Toussaint, pour nettoyer à fond étables et écuries), la tombe de l'Émigré et la Branche verte. Je suis encore imprégné du souvenir de ces deux-là. Pourquoi ? Mes parents, qui n'habitaient plus en bordure de ces fameuses forêts, se sont quand même connus sur les bords de l'étang de la Blisière où l'on venait d'assez loin se baigner, s'amuser, danser, et ils ont éprouvé le besoin de se rendre, dès leur troisième rencontre, sur la tombe de l'Émigré, puis, un peu plus tard, de placer leur union sous la protection de la Branche verte, comme il était de coutume dans la région.

Il y a un point commun à toutes les versions de la légende : une jeune fille a été pendue à une branche d'arbre pendant la Révolution, et, depuis lors, nourrie par le sang de cette innocente, la branche, à la fin de l'hiver, retrouve ses feuilles et reverdit longtemps avant toutes les autres. Pour certains, la jeune fille se serait pendue pour échapper aux soudards bleus ou chouans. Pour d'autres, les Bleus ou les chouans l'auraient violentée avant de la pendre par les cheveux. Mais en enquêtant pour retrouver les différentes versions de la légende et leur symbolique, j'ai mis la main sur celle qui donne au geste de ma « chouanne de mère » – plaçant sous la protection de la martyre son nouvel amour – une signification troublante.

Dans un recueil de nouvelles intitulé *La Tombe des Fombrayeux*, Guy Le Bris raconte sous le titre « La pataude » – nom désignant ceux qui trahissaient les Chouans – que la jeune fille arrêtée à tort par ceux-ci pour avoir dénoncé aux patriotes un des leurs fut condamnée à être pendue par Cœur de Lion et ses hommes :

> Cœur de Lion fit signe aux chouans de se calmer et se tourna vers Angélique :
> — Tu as entendu la sentence ? Tu seras pendue ce soir à une branche de ce chêne. Mets à profit le temps qu'il te reste pour recommander ton âme à Dieu et Lui demander de te pardonner.
> Une heure plus tard, le corps sans vie d'Angélique se balançait au bout d'une corde, dans la molle tiédeur d'un magnifique soir d'été.
> Le lendemain à l'aube, Cœur de Lion fut éveillé en sursaut par des cris perçants. Il se leva d'un bond. Les chouans, rassemblés, contemplaient, incrédules, un hallucinant spectacle...
> Soudain, l'un d'eux, les yeux fous, montrant du doigt le cadavre, hurla :
> — Regardez ! Regardez ! Dieu nous a envoyé un signe ! On a puni une innocente ! On sera châtiés !
> À ces mots, saisis d'une terreur panique, tous s'enfuirent dans les sous-bois en se signant.
> Toutes les feuilles du grand chêne avaient séché et étaient tombées dans la nuit, formant un épais tapis sous les pieds d'Angélique.

Seule la branche qui soutenait le cadavre était restée verte...

Heureusement que ma mère est morte avant la publication du livre de mon ami Le Bris ! Elle aurait eu du mal à accepter d'avoir arrimé sa vie, son couple et ses futurs enfants à la noire trajectoire de son cher Cœur de Lion !

Depuis que je me suis mis en quête de mes liens avec le passé, j'ai mieux compris que celui-ci n'est de toute façon qu'une invention de ceux qui se le réapproprient, et que les versions des mêmes faits ne se superposent jamais. J'ai vu la branche encore verte qui me protégeait. Il y a maintenant long-temps que l'arbre et sa branche sont morts, mais j'en ai gardé un souvenir qui ne s'éteindra qu'avec moi.

Au fil de mon enquête, je me suis aperçu que je conservais nombre d'images, de sons, de saveurs provenant de lieux que j'avais totalement oubliés. Des pas de deux ou des airs de gavotte que mon père jouait à l'accordéon. Une chansonnette parlant *des filles de La Prévière / Qui couraient après les gars / Le curé qu'était par der' / Leur disait courez donc pas...* Le recours de mes parents aux guérisseurs et rebou-teux en même temps qu'aux médecins. Mon goût immodéré pour les châtaignes et les galettes de blé noir. La fascination de la forêt, transmise par mon père, ou encore le signe de croix qu'il traçait avec son couteau sur la face interne du pain avant de le couper. Le respect de mes parents pour le pain, longtemps une denrée rare, et la peur d'en manquer inscrite au tréfonds de moi...

Depuis le décès de mon père, j'avais la certitude qu'un jour viendrait où je donnerais la parole aux *gueux* de sa famille. Ce moment tardait. La longue maladie de ma mère y était certainement pour quelque chose.

Début septembre 1998, je reçus une lettre d'un certain Louis Legras, écrite sur l'injonction de sa propre mère, décédée en mai 1991 ! Ce natif de Saint-Michel-et-Chanveaux me racontait avoir été intrigué par mon livre *Les Chapellières* :

> *J'entrouvre les premières pages et, à mon grand étonnement, j'y trouve des noms archi-connus ; pensez donc, mon père a été le garde particulier du propriétaire de la forêt de Chan-veaux et je suis né à deux cents mètres de là où habitaient le père et la mère Péan.*

Rentré à la maison, Louis en parle à sa mère :

> *– Regarde, j'ai acheté un livre où l'on parle de Chanveaux et de gens que tu as connus.*

J'ai entrouvert le livre à la page 17 et je lui ai tendu, et tenez-vous bien, à quatre-vingt-dix ans, elle lisait sans lunettes ! Au fur et à mesure de la narration, elle approuvait, son visage s'illuminait, bien sûr elle se rappelait la paye [des bûcherons] avec la liesse de tous, le vin aidant, point de cidre ce jour-là, c'était du vin, du vin de Vergonnes, ça se terminait tard le soir ; au souvenir de ces ripailles elle éclata de rire, interrompit la lecture et me raconta de longues anecdotes. Mais elle s'est mise en colère contre vous quand vous avez osé dire que le père Péan était violent, qu'il avait tendance à boire un petit coup de trop, de temps à autre.

La grand-mère Legras avait raison d'être choquée par la façon dont je traitais mon grand-père Adolphe. J'avais écrit qu'il était « connu dans les forêts de Juigné-des-Moutiers et de Chanveaux pour sa force et sa violence. Et dans les cabarets pour sa "descente" hors du commun. C'est d'ailleurs grâce à son goût pour la bouteille que sa vie est moins monotone que celle de ses ancêtres ». J'en avais rajouté, reprenant la légende familiale sans la vérifier, en affirmant qu'il aurait pu éviter de faire un long service militaire, puisqu'il avait tiré, lors de la conscription, un bon numéro : « Mais, incapable de résister aux quelques pièces d'argent proposées par un jeune homme riche en échange de son bon numéro, il se retrouve en 1876, feuille de route en poche, sur le chemin de Marseille. »

Louis Legras continuait à rapporter les vitupérations de sa mère à mon encontre :

Ah, ça se voit bien qu'il n'a pas connu ce temps-là ! Le père Péan, c'était un bon travailleur, et puis la petite mère Péan, elle n'était pas tillonne (« tillonne » veut dire qu'elle ne se laissait pas marcher sur les pieds).

Et puis nous parlions de votre famille... d'Édouard, votre oncle, mort à la guerre en 1917, son nom figure sur le monument aux morts de Saint-Michel ; et il y en avait un qu'elle ne connaissait pas bien : votre père, sans doute, qui devait être coiffeur à Sablé, mais il était emballe – s'il est toujours de ce monde, ce que je vous souhaite, il sourira à ce mot, cela signifie « chic »...

Maman est décédée en mai 1991, mais avant sa mort elle m'a tarabusté pour que je vous écrive cette lettre ; je n'osais pas, car je suis un primaire de l'école de Saint-Michel qui, à la sortie de l'école, a fait, comme beaucoup de ses copains, le bicard, le valet de ferme... En rangeant votre livre je me suis dit que c'était pour moi presque un devoir de vous écrire. J'ose espérer que vous m'excuserez...

Pour la première fois, un témoignage direct sur la vie de ma famille paternelle arrivait jusqu'à moi. Pourquoi n'ai-je pas répondu aussitôt à ce signe du destin, à cette évocation de mon père, l'*emballe* devenu coiffeur à Sablé ? Quelques années plus tard, je me suis contenté de téléphoner à Louis Legras et j'ai évoqué avec lui la possibilité de nous retrouver à Saint-Michel, mais rien n'a bougé jusqu'à l'automne 2003.

Début novembre 2003, voyageant sur Internet, j'ai fait le premier pas virtuel vers Saint-Michel-et-Chanveaux. J'avais lu dans *Le Monde* (évidemment !) l'existence d'un site du ministère de la Défense intitulé *memoiredeshommes*, répertoriant tous les morts de la guerre 14-18. J'y ai vu immédiatement la possibilité de chercher la fiche de mon oncle Édouard, le frère de mon père. Quelques secondes plus tard, sa fiche écrite à la main apparut sous mes yeux et cet événement inattendu me mit dans un drôle d'état : j'étais tout simplement ému.

Quelques mots résument la tragédie de ce poilu, mort en héros pour la France. En un instant, j'en savais déjà beaucoup plus sur lui que ce que mon père m'en avait transmis. Né le 1ᵉʳ mai 1897 à Saint-Michel-et-Chanveaux, il était mort le 14 juillet 1917 dans l'ambulance 2/18 SP 47 à Brenelle (Aisne), des suites de ses blessures de guerre. La fiche mentionnait également qu'il appartenait à la 18ᵉ compagnie du 226ᵉ régiment d'infanterie, qu'il était 2ᵉ classe et qu'il avait été recruté à Angers. Édouard était donc mort à vingt ans, le jour de la fête nationale.

Ces quelques faits me décidèrent à commencer derechef l'enquête que je différais depuis si longtemps. Pas encore tout à fait fixé sur l'utilisation que je ferais des fruits de ma récolte, je savais en revanche que celle-ci n'allait pas être aisée : un général laisse plus de traces au biographe que le simple 2ᵉ classe, de surcroît valet de ferme à La Chesnaie, ultime détail que je découvris rapidement... Mais c'était décidé : Édouard serait mon fil rouge. Lui redonner vie, reconstituer pas à pas le décor de sa courte vie, sentir le milieu dans lequel il avait vécu, l'éducation que le curé et l'instituteur lui avaient inculquée, voilà qui m'enthousiasmait.

Avant de me rendre à Saint-Michel-et-Chanveaux, je repris contact avec Louis Legras. Il connaissait parfaitement le village d'Édouard, bien qu'il l'eût quitté à la fin de la guerre. L'homme, d'une grande modestie, possède une rigoureuse et fidèle mémoire. Pour répondre à mes questions, il m'écrivait de longues lettres. Il me mit en rapport avec sa sœur Gilberte. Celle-ci possédait tous les papiers de son père, le garde forestier de la forêt de Saint-Michel. Grâce encore à Louis Legras, je rencontrai sa tante, Marie Aillerie, née en 1904 à La Nymphaie, un hameau de Saint-Michel. Entre elle et moi allait se tisser une étroite et fructueuse relation qui s'est transformée en réelle amitié. Cette femme vaillante serait capable de décrire avec la précision d'un OPJ la vie quotidienne de son village natal dans les années précédant la Première Guerre mondiale : elle n'avait oublié aucun nom, aucun lieu, et se souvenait parfaitement de l'oncle Édouard !

En ouvrant les vieilles valises, les boîtes à chaussures et autres « trésors » laissés par mes parents, je découvris de nombreuses lettres, cartes postales et photos, la fameuse montre de gousset et le livret militaire d'Édouard, ainsi que deux photos de lui. J'allais ainsi glaner des bouts d'histoires et des secrets dans ma famille et auprès de vieux amis de celle-ci.

Saint-Michel-et-Chanveaux est un petit village de 378 habitants dont le château est depuis longtemps en ruine et dont l'église préservée au XIXe siècle, contrairement à ses voisines, garde un certain charme. Ma propre histoire a la magie d'en faire à mes yeux un village pas comme les autres. Sous la croix qui surplombe le monument aux morts, une plaque de marbre où sont inscrits les noms des trente-cinq enfants de Saint-Michel-et-Chanveaux morts pour la Patrie. Le nom d'Édouard Péan figurait bien là, au milieu de la colonne de droite. Je ne restai pas insensible au fait de lire et relire mon patronyme sur ce monument public.

Parce qu'on est en pays chouan, les édiles ont réussi à contourner la loi de 1905 en érigeant leur monument sur le mur d'enceinte du cimetière qui entoure l'église, et ainsi placé leurs poilus sous la double reconnaissance de Dieu et de la Patrie. Depuis la route, le regard ne peut éviter ni la croix ni l'église et son clocher d'ardoises. L'imagination peut se mettre à vagabonder : Édouard a en effet commencé là sa vie publique et y est revenu souvent puisque c'était le centre du village.

Je m'y suis senti d'emblée en pays de connaissance, j'allais presque dire « chez moi ». Dois-je écrire que je me suis senti — ou imaginé — une connivence discrète mais avérée avec les décors et les gens, notamment les trois femmes — le maire, la secrétaire de mairie, la journaliste — qui m'accueillirent sur place ? J'ai sillonné routes et chemins du Haut-Anjou et du pays de la Mée pour interroger les paysages, les maisons en schistes, les croix en pierre de Juigné, les vieilles églises, témoins de tant d'histoires. De quelle façon mes ancêtres miséreux appréhendaient-ils la beauté de ces lieux quand le soleil effaçait les brumes matinales ?

J'ai épluché maints registres d'état civil dans de nombreuses mairies et cherché les traces, même infimes, des *petites gens* qui furent les ancêtres d'Édouard… et de mon père.

IV

Jacques Péan, journalier,
et Adolphe, bûcheron

De mon grand-père Adolphe, le père d'Édouard, je ne connais à peu près rien. Sauf qu'il était bûcheron pendant huit mois de l'année et journalier l'été. Dur à la tâche, il avait pourtant du mal à nourrir sa famille. Ainsi, pour améliorer son maigre ordinaire, il travaillait avec sa femme, les nuits de pleine lune, coupant les branches des jeunes châtaigniers en forêt de Chanveaux. Ayant fait sans s'en rendre compte un grand cercle, il revint à un endroit où il était passé quelques heures plus tôt, et, en se baissant, se creva l'œil avec la pointe acérée d'une branche coupée. Je savais aussi qu'il avait été en Tunisie pendant son service militaire et qu'il jouait – ô surprise ! – du violon. Jusqu'à cette enquête, je le pensais mort deux ans avant ma naissance, alors que, vérification faite, son décès intervint quatre ans avant. Ce menu détail erroné n'a aucune importance pour le déroulement de mon récit, mais prouve une fois de plus qu'il faut toujours se méfier des versions qui courent dans les familles. La valise de souvenirs transmise par mon père sur son propre père – mais cela vaut pour l'ensemble de sa famille – était non seulement presque vide, mais son contenu reste sujet à caution.

Aussi loin qu'il m'a été possible de remonter (c'est-à-dire au début du XVIIe siècle), j'ai pu trouver des traces des aïeux d'Adolphe. Sa famille – ma famille – a vécu dans un rayon d'une dizaine de kilomètres autour de Moisdon-la-Rivière, du Petit-Auverné, le pays de Sophie Trébuchet, mère de Victor Hugo, de Saint-Sulpice-des-Landes, c'est-à-dire en Haute-Bretagne, avant de se déplacer de quelques kilomètres vers le Haut-Anjou, qu'on appelait avant le Bocage angevin ou encore le Craonnais ou le Segréen, environnement privilégié des terribles souvenirs d'Hervé Bazin. Leur condition sociale semble ne pas avoir évolué d'un pouce. Ils demeuraient invariablement « métayers », « cultivateurs » ou « journaliers ». Le nombre d'enfants dans chaque foyer annihilait toute velléité d'élévation. Le seul fait marquant déniché aux Archives départementales de Loire-

Inférieure est l'assassinat de Michel Péan, le 2 fructidor an II (19 août 1794), au Petit-Auverné. Un meurtre commis par des chouans dont le chef était un certain Cœur de Lion que le lecteur sait déjà être... un ancêtre de ma mère ! Aucune trace de ce drame dans la mémoire familiale, ni d'une quelconque dispute par aïeux interposés entre mon père et ma mère !

La première légende transmise par mon père se situe autour de 1840. Cette histoire ne permettait pas de tenir longtemps dans une veillée tant elle était réduite à sa plus simple expression : « Grand-père est à l'origine de la race Maine-Anjou. Il est allé à pied en Angleterre pour en ramener un taureau... » Jusque dans l'enfance de mon père, c'est-à-dire pendant et juste après la Grande Guerre, tel était le grand fait d'armes de la famille Péan. Je dois dire que cette histoire était quasiment sortie de ma mémoire quand ma sœur me la remit en tête. Lorsque mon père disait « grand-père », nous comprenions qu'il s'agissait de notre propre aïeul, son père, Adolphe, alors qu'il désignait en réalité son propre grand-père dont il ne nous parlait jamais et dont je pensais qu'il ignorait jusqu'à son nom.

La recherche généalogique m'a appris que le héros de la légende familiale était en réalité Jacques Péan, né le 5 février 1815 à 11 heures du matin à

Saint-Sulpice-des-Landes, canton de Saint-Mars-la-Jaille, département de Loire-Inférieure, fils de Nicolas, alors âgé de quarante-sept ans, cultivateur. Ledit Jacques s'est marié en avril 1838 et était lui-même cultivateur, domicilié à Vern-d'Anjou. Il travaillait alors dans les fermes du comte Guillaume Falloux du Coudray qui avait reçu en 1824 le domaine de la Lucière et 581 hectares d'un lointain cousin. Cette campagne, comme toutes celles de la région, restait le fief des nobles, et la Révolution n'avait pas eu de grands effets sur leurs féodales habitudes. Les paysans − journaliers, métayers, laboureurs, cultivateurs, quel que fût le nom qu'on leur donnait − étaient encore considérés comme des serfs. Ils disaient *not' maître* en parlant de Guillaume Falloux, qui était le châtelain mais aussi le maire de Vern.

Aux premières heures de la Révolution, dès l'âge de quatorze ans, le jeune Guillaume Falloux avait émigré en Angleterre. En 1795, il participa au débarquement de Quiberon, anéanti par Hoche, échappa à la mort par miracle, puis regagna la France sous le Consulat. De retour sur ses terres, il demeura anglophile et s'engagea dans le mouvement agricole dénommé le *parti anglais*, qui préconisait la régénération de la race bovine par la race anglaise Durham. Cette anglomanie animalière ne s'est pas limitée aux vaches, mais a également gagné les chevaux et les moutons. Pour les bêtes comme pour ces gens-là, le salut venait de l'Angleterre. Dans tous les coins de France, on a ainsi importé des taureaux Durham, mais c'est dans la seule région du Maine-Anjou que les nobles ruraux ont réussi à imposer ces croisements aux métayers. Ces derniers avaient tout à perdre à ce changement, puisque leurs vaches allaient produire moins de lait (qui leur revenait), et plus de viande de boucherie (qui allait de droit au propriétaire). À la campagne, les aristocrates n'avaient toujours pas digéré la Révolution, et leur attitude fut bien entendu confortée par la Restauration : Guillaume Falloux n'a-t-il pas reçu en 1826 une rente de 1 630 francs au titre de l'indemnité accordée aux émigrés ?

Ainsi, en couvrant les petites mancelles (vaches laitières), les taureaux venus des élevages du comté de Durham allaient permettre l'avènement d'animaux de boucherie à engraissement rapide. Quelques dizaines d'années plus tard, et après force croisements, allait naître une nouvelle race, la Maine-Anjou, appelée familièrement « Mène-au-Sénat », clin d'œil rappelant qu'elle vit le jour par la volonté de nantis qui, pour la plupart, étaient d'ardents légitimistes. En octobre 1996, un historien français a fait ainsi sensation dans une intervention à Rambouillet en exposant son interprétation très politique de l'introduction de la race Durham en France : « La Durham est la race des notables anglophiles qui n'avaient que mépris pour les savoir-faire des paysans, accusés de routine, voire d'imbécillité, et qui ont essayé d'organiser une filière viande fondée sur les races anglaises et leur croisement, sans tenir compte des réalités de la petite exploitation. »

J'aurais aimé pouvoir conter ce périple à pied de mon aïeul, de Vern-d'Anjou à Calais et de Calais à la Lucière, avec ses deux taureaux, par les petits chemins tortueux et mal fréquentés de l'époque. J'ai rencontré à Château-Gontier les actuels « gardiens » de la race Maine-Anjou à qui a été donné récemment le nom de *rouge des prés,* appellation d'origine contrôlée. Je me suis penché sur les écrits relatant l'apparition de la race, j'ai pris connaissance des querelles de prétendants autour de ses origines. J'ai surtout constaté beaucoup d'amateurisme dans les travaux prétendument historiques portant sur la Maine-Anjou. Et force me fut d'admettre que je ne trouverais pas trace de mon aïeul dans cette histoire d'aristocrates et de notables où les *gueux,* comme disait mon père, n'avaient pas leur place.

En revanche, tous ces notables campagnards étaient près de leurs sous et tenaient des carnets de comptes. J'ai imaginé quelque temps que la chance allait me sourire en les consultant et que je serais ainsi conduit jusqu'aux traces écrites des dépenses faites par le propriétaire de la Lucière pour l'expédition de mon aïeul, Jacques Péan. J'ai découvert l'existence de l'homme qui avait organisé ce long voyage, Jean-Baptiste Lemanceau. Il avait été recruté par le patron du domaine de la Lucière à la fin de ses études d'agronomie à Meslay-du-Maine pour gérer son bétail de façon rigoureuse. C'est Lemanceau qui lui indiqua l'itinéraire à suivre, les démarches à entreprendre, les haltes à faire, la somme d'argent nécessaire à cette aventure. Or Lemanceau a laissé des carnets qui dorment dans un grenier chez son arrière-petite-nièce, à Segré. J'ai espéré pouvoir les consulter, mais je suis tombé sur une vieille dame acariâtre – on s'y heurte dans toutes les enquêtes ! – qui, à la seule évocation de l'intérêt sentimental que pouvaient revêtir pour moi ces informations, s'est drapée dans un *non* catégorique. Pourtant, combien cela m'aurait enchanté de mettre la main sur ces détails qui auraient enrichi mon récit ! La vieille dame m'a laissé avec toutes mes questions : comment un analphabète avait-il pu mener à bien une telle équipée ? Combien de temps celle-ci avait-elle duré ? Était-il accompagné ? Quels chemins avait-il empruntés ? Quelles difficultés avait-il rencontrées ?

Dans *Vipère au poing*, Hervé Bazin plante un décor proche, je pense, de celui du début et de la fin du voyage de mon ancêtre. Quoique le roman se situe en 1922, mis à part le chemin de fer de la région de Segré, les descriptions et situations évoquées n'auraient guère été différentes si l'action s'était déroulée quatre-vingts ans plus tôt :

> *Trois départements se partagent cette ancienne marche frontière entre pays de grande et petite gabelle, abrutie durant des siècles par une surveillance et une répression féroces [...]. Des prés bas, rongés de carex, des chemins creux qui exigent le chariot à roues géantes, d'innombrables haies vives qui font de la campagne un épineux damier, des pommiers à cidre encombrés de gui, quelques landes à genêts et, surtout, mille et une mares, asiles de légendes mouillées, de couleuvres d'eau et d'incessantes grenouilles. Un paradis terrestre pour la bécassine, le lapin et la chouette.*
>
> *Mais pas pour les hommes. De race chétive, très « Gaulois dégénérés », cagneux, souvent tuberculeux, décimés par le cancer, les indigènes conservent la moustache tombante, la coiffe à ruban bleu, le goût des soupes épaisses comme un mortier, une grande soumission envers la cure et le château, une méfiance de corbeau, une ténacité de chiendent, quelque faiblesse pour l'eau-de-vie*

de prunelle et surtout pour le poiré. Presque tous sont métayers, sur la même terre, de père en fils. Serfs dans l'âme, ils envoient à la Chambre une demi-douzaine de vicomtes républicains et, aux écoles chrétiennes, cette autre demi-douzaine d'enfants qui deviennent, en grandissant, des bicards et des valets qui ne se paient point.

Ainsi décrite, la situation, à quelques nuances près, est la même pour ma famille paternelle et sur trois générations : celles de Jacques, Adolphe et Édouard. Dans cette branche-là, on n'a jamais atteint le rang de métayer. Les uns après les autres ont servi invariablement tantôt de riches propriétaires, tantôt des métayers.

Jacques Péan était au service d'un comte royaliste dont le fils, le comte de Falloux, élu député, laissera une loi, restée fameuse, sur l'enseignement confessionnel.

Malgré son exploit et sa précieuse contribution à l'amélioration de la race mancelle, Jacques Péan n'est pas resté au service du comte de Falloux. Dix-huit ans plus tard, grâce au registre d'état civil d'Angrie, je sais qu'il est journalier, c'est-à-dire qu'il met ses bras au service des uns et des autres, et qu'il habite dans le bourg alors que sa femme accouche, le 7 août 1857, d'Adolphe, son sixième enfant et mon grand-père.

Les générations ont beau se succéder, peu de choses changent. Adolphe n'apprend pas à écrire ; dès l'âge de sept-huit ans, il devient *bicard*, puis journalier dans différentes fermes aux alentours. Quand il passe le conseil de révision, il travaille au Tremblay dans une métairie du canton de Pouancé. Son livret militaire fournit quelques indications sur son physique : les sourcils *châtains*, les yeux *gris*, le front *rond*, le nez *moyen*, la bouche *moyenne*, le menton *rond*, le visage *ovale*. La toise indique 1,66 mètre pour le numéro 73 du tirage dans le canton de Candé, le 11 juillet 1877. Bon pour le service dans l'armée de la IIIe République.

Adolphe débarque le 11 novembre 1878 à Bourges, au 20e régiment d'artillerie, et est incorporé comme 2e canonnier conducteur. Il fréquente l'école du régiment, s'initie à l'escrime, fait de la gymnastique, apprend − mal − à tirer au pistolet. Mais l'armée va surtout utiliser sa connaissance des chevaux. Pendant les quatre ans que durera son service militaire, il va perfectionner sa technique de conducteur de chariots pour transporter matériels et canons. Le 1er janvier 1880, Adolphe devient 1er canonnier et part rejoindre le 1er régiment d'artillerie le 24 septembre suivant. Ce régiment a participé à la défense de Metz en 1870. Sans la volonté de Gambetta d'entreprendre une nouvelle politique d'expansion coloniale − contre la volonté du président de la République Jules Grévy mais avec la complicité de Jules Ferry, président du Conseil –, Adolphe serait resté en France. La première mission envoyée en Tunisie est présentée alors comme une simple opération de police contre des pillards ; un corps expéditionnaire de près de trente-deux mille hommes, soit l'équivalent de celui qui conquit Alger en 1830, est dépêché sur place au printemps 1881, mais l'opération, mal préparée, se solde par un échec. Une deuxième expédition beaucoup plus importante est lancée à l'automne suivant.

Adolphe devait participer à cette seconde expédition et prit pour ce faire un tout petit galon en devenant cavalier de 1re classe. Le cavalier Adolphe servit donc en Tunisie du 8 octobre 1881 au 12 novembre 1882 dans un escadron du train des équipages, comme conducteur d'attelage. Chaque attelage était tiré par quatre ou six chevaux, trapus et robustes, chaque conducteur assurant la responsabilité de deux d'entre eux. Son livret militaire nous précise le nom des chevaux dont il s'est occupé pendant sa campagne de Tunisie : Gilfa, Rano, Alose, Ardente, Pensée et Bateau (un jeune cheval né en 1876). L'armée lui procurait un couvre-nuque pour se protéger du soleil. Dans les archives militaires de Vincennes, j'ai pu retrouver suffisamment d'éléments pour reconstituer le périple tunisien d'Adolphe ; en revanche, rien ne m'indique le choc qu'il dut ressentir en abordant ce nouveau monde au climat, aux paysages, aux gens et aux coutumes si exotiques.

Adolphe prit donc le train à Bourges le 5 octobre 1881 avec la 1re compagnie de la 8e brigade. Direction Versailles. Changement de train et direction Toulon où il arriva le lendemain. Embarquement sur un bateau pour Sousse où il débarqua le 8 octobre, trois jours seulement après son départ. Le bateau accosta à Sousse la Blanche sur le wharf, bâti sur pilotis et protégé des vents dominants. On peut aisément imaginer son étonnement devant le spectacle qui s'offre à lui. Arabes en burnous gris et turban blanc, Juifs et Juives en habits colorés, marchands de toutes nationalités attendent le débarquement dans un brouhaha indescriptible. Adolphe aperçoit de grands hangars regorgeant de marchandises. Il se fraie un chemin entre les tonneaux d'huile, enjambe les sacs de grain, les ballots d'alfa, les cageots de fruits. Quelle est cette nouvelle contrée où les fruits sont si colorés et parfumés ? Des fruits comme il n'en a jamais vu, des dattes et des pastèques amenés là à dos de chameau. Il marche au pied des murailles crénelées, tourne à gauche, admire l'imposant bastion qui défend la porte de la ville, pour l'heure ouverte à deux battants. Puis il accède à une petite place et reconnaît le drapeau français qui flotte sur le consulat. Et défilent devant ses yeux la mosquée, la casbah qui domine et défend la ville, et autour de lui cette faune locale qui surgit de tous côtés, bruyante et bigarrée. À la porte monumentale, deux factionnaires tricotent !

Adolphe s'installe dans un campement situé à deux cents mètres de la ville, en bord de mer. Il va participer au transport du matériel nécessaire à l'édification d'une voie ferrée entre Sousse et Kairouan, distants de 56 kilomètres, ainsi qu'à l'acheminement de vivres destinés à ceux qui y travaillent. En rentrant en France, Dick de Lonlay, membre de l'état-major du corps expéditionnaire, a raconté sa mission. Il a vu ceux qui entamaient la construction de ce chemin de fer qui, précisons-le, ne sera jamais achevé :

À droite de la ville, des soldats du génie placent les rails à grillage et tracent les premiers talus d'un chemin de fer en miniature (conçu par M. Decauville, constructeur et inventeur breveté de ce chemin de fer) [...]. Mais, en débarquant à Sousse, le constructeur rencontra une foule de difficultés : tout d'abord le chemin de fer devait escalader une forte colline, contourner par de nombreuses courbes la ville, et s'engager ensuite à travers une succession de vallonnements peu profonds, il est vrai, mais rendant impraticable l'emploi de la locomotive. Il fut décidé que les wagons seraient traînés par des chevaux, aussi les travaux furent-ils très longs.

Les Français – et donc Adolphe – sont confrontés à un soulèvement général du Sud tunisien. Les tribus, notamment celle des Zlass, vont, à la mi-octobre 1881, c'est-à-dire une semaine après l'arrivée du canonnier du Haut-Segréen, harceler les troupes françaises et obliger le commandement à sortir de Sousse pour protéger la construction du chemin de fer. Le 22 octobre, le général lance une attaque vigoureuse au terme de laquelle le caïd des Zlass est tué. Dès lors, le chemin de Kairouan ne présente plus de danger. Avec ses attelages, Adolphe pourra transporter vivres, canons et même une forge. Il participe en février 1882 au transport de matériels pour la construction d'une ligne télégraphique. En un peu plus d'un an, sa compagnie n'aura eu à déplorer que six morts – de maladie. Une dernière image : Adolphe portait encore le shako comme à Austerlitz...

Le 12 novembre 1882, il quitte l'armée avec 70,15 francs en poche, soit l'équivalent de quelque 350 euros d'aujourd'hui. Avait-il déjà acheté son violon en Tunisie, ou dépensa-t-il une partie de son pécule pour en acquérir un ?

Adolphe se rend d'abord au Tremblay, mais quitte rapidement ce village du Pouancéen pour Saint-Clément-de-la-Place où il ne séjourne pas davantage. Il va ensuite proposer ses bras au père Peccaud (soixante-quatre ans), métayer à Terrelande, à Challain-la-Potherie, sur la route de Combrée. Adolphe a alors vingt-cinq ans et plein d'histoires à raconter à table, le soir après le travail. Les couleurs, les odeurs, les sons de la Tunisie emballent Angélique, la fille du métayer, de six ans l'aînée d'Adolphe. Ils convolent en justes noces le 23 juillet 1883.

Le couple demeure un peu plus de deux ans à Terrelande. Le temps d'avoir deux filles, Angélique et Victorine. La cohabitation avec le vieux père Peccaud était-elle délicate ? Était-il difficile de nourrir quatre bouches de plus dans la petite métairie ? Le 29 décembre 1885, Adolphe, Angélique et leurs deux filles déménagent et s'installent à quelques kilomètres de là, dans le petit village de Chanveaux. C'est dans la forêt de Chanveaux qu'Adolphe devient bûcheron huit mois de l'année. Les quatre mois restants, il prête ses bras dans des fermes proches pour aider métayers ou fermiers à faire les moissons et différents travaux. Quand il travaille en forêt, il construit des huttes où il loge les siens. Un troisième enfant arrive le 25 août 1887, un garçon que ses parents prénomment Adolphe. Le bébé est baptisé le jour même de sa naissance en l'église de Saint-Michel-et-Chanveaux.

Un an plus tard, le 17 août 1888, le malheur frappe la famille Péan : Angélique meurt à l'hospice de Pouancé. Elle n'avait que trente-six ans. Adolphe est maintenant seul avec trois enfants en bas âge. Qui va s'occuper d'eux pendant qu'il coupera les arbres en sa forêt de Chanveaux ?

V

Les peurs de grand-mère Joséphine

C'est bien là, après l'école publique, sur la droite, au bord du chemin qui se perd dans les champs. Je revois la maisonnette où vivait ma petite grand-mère Joséphine, celle qui pelait si bien l'écorce des chênes de la forêt de l'Orangerie, à Saint-Michel-et-Chanveaux. On ne pouvait songer à y aller pour les vacances, comme chez mon autre grand-mère, parce qu'elle était trop pauvre et que l'unique pièce dans laquelle elle vivait était exiguë, sans eau ni électricité. Que savons-nous aujourd'hui de ce dénuement, de cette misère qui tenait lieu de compagne de toute une vie ? Louis Legras m'a dissuadé de verser dans le misérabilisme pour décrire la vie des *petites gens* de Chanveaux. Lui qui, par sa mère, a encore une approche charnelle de cette époque n'hésite pas à parler de « misère heureuse », des « joies simples » de sa famille et de la mienne : « Ils étaient plus heureux que nous pouvons l'être aujourd'hui… »

Je nous revois là tous les quatre, mes parents, ma sœur et moi, devant sa porte à double battant fermée à clé. C'était après la guerre. Mon père frappe. Au bout d'un long moment, la « mère Péan », comme on l'appelait à Senonnes, entrouvre le battant du haut. Elle marmonne quelques mots d'une voix méfiante.

Grand-mère avait deux grandes peurs : les loups et les voleurs. Pourtant, les derniers loups aperçus et abattus durant l'hiver 1917 avaient déserté la forêt de Chanveaux depuis plus de quarante ans. Une irrépressible frayeur la glaçait depuis qu'Adolphe – son mari bûcheron – lui avait conté son incroyable et impressionnante rencontre avec un loup. Quant à sa peur des voleurs, comment l'expliquer puisqu'elle n'avait rien ? Que pouvait-elle redouter ? D'autant que l'unique fenêtre de sa bicoque était équipée de lourds barreaux.

Son bon visage tout ridé s'illuminait et ses petits yeux malins se plissaient d'aise en nous reconnaissant. J'avais à peine dix ans mais j'étais bien plus haut qu'elle. Elle nous embrassait en nous murmurant les mots les plus doux qu'elle connaissait. Pour nous elle aurait tant aimé transformer sa masure en palais, nous inviter à partager un bon dîner préparé par ses soins avant d'aller se coucher. Mais elle n'avait que deux lits, c'est-à-dire un seul de libre en dehors du sien. Pourtant elle tenait absolument à ce que nous restions dormir sous son toit. Mais si nous acceptions, où coucherait-elle ? Du doigt elle nous montrait une caisse en bois. Cela nous semblait impossible. Néanmoins, après le repas préparé dans l'âtre, elle allait en effet dormir dans ce châssis rectangulaire comme elle l'avait fait pendant son enfance chez l'un de ses oncles qui lui avait assigné l'étable comme chambre à coucher.

Les deux filles de l'instituteur laïc de Senonnes, qui habitaient à quelques pas de chez ma grand-mère, ont rapporté quelques anecdotes. Josette se rappelle : elle passait souvent devant chez elle en allant cueillir des pervenches. Sa sœur se souvient de Joséphine qu'elle appelle, je ne sais pourquoi, Céleste :

– On allait au puits avec une *seille* en bois et un *chouan*[1]... Elle était toute petite, toute ronde. Un être intègre, comme on n'en fait plus...

Un certain Francis Galivel, élève à l'école de Senonnes pendant la dernière guerre, se rappelle lui aussi la « mère Péan » qui avait peur des jeunes effrontés. Une anecdote lui amène un sourire :

---

1. Un godet en bois.

« Les jours d'orage, elle jetait de l'eau bénite sur le sapin dressé devant sa maisonnette… »

Quand mon père évoquait son enfance, la misère y était omniprésente. Difficile de se représenter aujourd'hui cette pauvreté, compte tenu de ce dont nous jouissons en matière de moyens de communication, de transports, et compte tenu de tout ce qui a changé depuis la Libération. La pauvreté de ma grand-mère était figée, immuable, dans un coin reculé d'une campagne encore hors du temps. On a d'autant plus de mal à trouver le ton juste pour rapporter ces souvenirs.

La vie de ces *petites gens* – l'expression même est cruelle – était exceptionnellement dure. Il leur fallait tant de courage et de résistance pour vivre et rester dignes jour après jour ! Les raconter, c'est aussi s'affranchir d'une sorte de gêne, de honte indicible, briser un tabou. Celui d'un destin dont les générations suivantes aspirent généralement à se débarrasser pour oublier et effacer cette lourdeur qui leur colle à la peau.

Le regard de l'enquêteur est probablement le mieux adapté à la situation. Il me revient des bribes d'histoires de mon père qui s'ajustent bien à la description de la maisonnette de ma grand-mère. La demi-sardine comme plat principal, le croûton de pain rassis trempé dans du vinaigre pour le quatre-heures, l'interpellation et la honte faite au petit Eugène devant toute une assemblée de fidèles par le curé de Senonnes pour lui intimer l'ordre de reculer jusqu'au fin fond de l'église, parce qu'il était pauvre. Le mot « domestique » accolé à son nom dans le recensement de 1931 et de « journalier » sur les listes électorales de 1934.

Mon père a toujours été discret sur sa famille. J'ai appris après sa disparition qu'il lui rendait souvent visite en secret. Peu avant sa mort, il confia à ma sœur :

– Ma maman m'a prévenu de sa mort avec le sourire. Moi aussi, je tiens à te dire avec le sourire que mon existence est finie... J'ai plutôt eu une belle vie. J'avais une force supérieure à la plupart... Maintenant, c'est terminé...

Il regrettait de n'être jamais parvenu à savoir où, quand et comment était mort son grand-père maternel, le père de Joséphine, Louis Belsœur (nom dont l'orthographe varie selon les employés de l'état civil : Bellesœur, Belseur, Belleseure...). Mon père aurait voulu se recueillir sur sa tombe. Plus jeune, je me souviens qu'il nous avait rapporté l'histoire de cet homme sur qui j'ai retrouvé des éléments plus précis dans les registres d'état civil. Louis était né à Renazé le 14 mars 1845, dans une famille elle aussi miséreuse. Il ne m'a pas fallu beaucoup d'efforts pour trouver parmi ses ancêtres directs un faux saunier condamné en 1756, marqué au fer rouge avant de partir à pied, enchaîné, au bagne de Brest où il est mort deux ans plus tard. Louis aurait souhaité être prêtre, mais les « circonstances » l'en avaient empêché. Quelles circonstances ? Mon père ne savait pas. La guerre, peut-être. Louis se maria donc le 16 août 1866 avec Joséphine Blanchard qui mourut alors que sa fille Joséphine — c'est-à-dire ma grand-mère — avait six ans. Louis Belsœur abandonna alors ses filles — mon père n'en précisait pas le nombre — et prit la route. Il devint cheminot ; à cette époque, on disait *traînier*. Ma grand-mère, moins chanceuse que ses sœurs, se retrouva petite domestique, *bicarde*, condamnée à garder les vaches et à exécuter les travaux les plus pénibles de la ferme pour le compte d'un oncle sans cœur et sans scrupules. Battue, exploitée, elle n'alla jamais à l'école et ne fut jamais autorisée à dormir à la ferme, mais contrainte de coucher dans une caisse de bois installée dans l'étable.

L'histoire suivante se déroula bien des années plus tard à Chanveaux. Un jour que ma grand-mère vaquait à ses occupations dans sa bicoque composée d'une seule pièce avec deux paillasses, une table et une cheminée, on frappa à la porte. Joséphine ouvrit et se trouva nez à nez avec un homme hirsute, en guenilles, les pieds en sang.

— Je suis ton père, peux-tu me soigner ?

Hébétée, Joséphine fit entrer l'homme et entreprit de nettoyer ses plaies comme elle put. Elle ne disposait évidemment d'aucun médicament pour soulager les pieds du *traînier*. Mais, une fois achevé son travail d'infirmière improvisée, elle lui dit :

– Je ne sais pas si vous êtes mon père, mais ce que je sais, c'est que nous sommes trop pauvres pour vous garder ici…

Le *traînier* passa son chemin et, semble-t-il, rôda un certain temps autour des lieux où vivaient ses filles. Puis il est mort sans que celles-ci en soient avisées.

Je ne sais quelles démarches entreprit mon père pour retrouver la trace de son aïeul. J'ai repris à mon tour l'enquête. J'ai mobilisé les généalogistes des confins de la Mayenne, du Maine-et-Loire et de Loire-Atlantique. Je n'ai pas retrouvé la tombe de Louis, mais ma quête n'a pas été stérile. La femme de Louis Belsœur avait enchaîné grossesses et accouchements à un rythme soutenu. Elle eut ainsi cinq filles en sept ans – Marie, Victorine, Joséphine, Désirée, Louise –, Eugénie quelques années plus tard, et mourut en accouchant d'une septième, mort-née, à l'âge de trente et un ans. Mon père, qui ne se connaissait pas autant de tantes, s'apitoyait sur cet homme alcoolique et brutal qui avait abandonné ses filles. Louis avait eu de surcroît le toupet d'assister au mariage de sa première fille, Marie, en janvier 1885. Mais, quelques années plus tard, le *traînier* avait quitté définitivement la région pour s'installer comme cultivateur du côté de Cherbourg. Pourquoi était-il parti si loin ? Avait-t-il commis des actes encore plus graves que l'abandon de ses filles ?

J'ai du mal aujourd'hui à comprendre l'indulgence que mon père témoignait à cet homme, mais il avait peut-être ses raisons, que je n'ai pas retrouvées. Lui qui qualifiait toujours ses aïeux de *gueux* évoquait celui-ci avec compassion. Sans doute savait-il mieux que moi – et d'expérience – le poids de l'extrême pauvreté et les gestes désespérés qui peuvent parfois en résulter.

VI

Dans les bois de Chanveaux

L'étoile censée me guider jusqu'à l'oncle Édouard n'était pas d'une grande précision ; les chemins étaient comme ceux de Chanveaux, boueux, tortueux, et ma mallette à outils ne contenait pas celui qui m'aurait permis de remonter le temps. J'ai pu néanmoins accumuler un certain nombre d'éléments qui me permettent d'esquisser quelle était la vie des Péan et le cadre dans lequel ils évoluaient à la fin du XIXe et au début du XXe siècle...

Adolphe enterre donc sa femme Angélique à Pouancé, puis regagne Chanveaux où ses trois enfants l'attendent dans la maison composée d'une unique pièce d'à peine trente mètres carrés. Les moissons et le battage terminés, dès que vient l'automne il quitte le village pour s'installer dans la forêt de Chanveaux qui jouxte la ferme de la Grande Ardenne, sise sur la commune de La Motte-Glain, en Bretagne. Là vit une domestique de dix-huit ans à peine, Joséphine, ma grand-mère, qui, jusque-là, n'a pas été gâtée par la vie. Je peux imaginer qu'une de ses rares distractions est d'apercevoir, voire de rencontrer les bûcherons de la forêt avoisinante, probablement en prenant garde à ne pas attirer l'attention de ses maîtres. Est-ce à l'occasion d'une de ses escapades qu'elle fait la connaissance d'Adolphe ? L'examen des registres d'état civil permet d'affirmer qu'Adolphe n'a pas perdu de temps pour légaliser leur union devant le maire et le curé. Maltraitée par son père jusqu'à l'âge de six ans, battue et considérée ensuite comme une esclave, Joséphine a-t-elle rêvé d'une vie meilleure aux côtés d'un veuf nanti de trois jeunes enfants ?

La valise d'Adolphe contenait probablement bien des rêves et des couleurs... L'enquêteur se hasarde à écrire que son année en Tunisie et ses récits aux parfums de jasmin et de cardamome avaient de quoi fasciner l'infortunée Joséphine qui ne s'était jamais éloignée de plus de quelques lieues de son coin de campagne.

Adolphe était un homme costaud, en bonne santé. De quoi rassurer cette fille chétive et crain-tive que les coups avaient empêchée de grandir normalement. Il s'était fait une solide réputation d'homme à qui il ne fallait pas chercher noise. Pendant sa période militaire, il avait acquis une technique achevée du maniement du bâton. Il le faisait tourner si vite entre les doigts de sa main droite que personne ne pouvait l'approcher sous peine d'être sérieusement amoché. Mon père affirmait qu'il pouvait tenir en échec cinq ou six agresseurs qui l'auraient attaqué ensemble. Il parlait de « doyenné du bâton », sorte de ceinture noire de l'époque. C'est un art que l'on retrouve sous des formes différentes, dont la plus connue est le *Tae Kwan Do*, un système d'autodéfense utilisé par les bergers qui n'avaient en guise d'arme que leur seul bâton.

Adolphe possédait enfin un objet pour le moins insolite : un violon. Où l'avait-il acquis ? Comment avait-il appris à en jouer ? Jouait-il de cet instrument incongru dans la misérable bicoque du bourg de Chanveaux ? Dans les huttes où il passait huit mois de l'année ?

Depuis toujours, j'ai été intrigué par ce violon. D'autant plus que je le reliais à l'accordéon de mon père qui enchanta mon enfance.

À l'époque où Adolphe rencontre Joséphine, un veuf se doit de respecter un délai de décence de un an avant de reprendre femme. Mais les événements vont s'accélérer. Son fils Adolphe décède en effet à l'âge de dix-huit mois, soit sept mois après la mort de sa mère Angélique, le 8 mars 1889. Faute de soins ? Les deux filles, Angélique, cinq ans, et Victorine, quatre ans, ont à l'évidence besoin d'une mère. Le temps presse.

Les démarches administratives sont loin d'être simples. Joséphine doit obtenir l'autorisation de son père, car elle est mineure. En outre, elle ne sait ni lire ni écrire. Adolphe, lui, sait juste écrire son nom, et quant à Louis Bellesœur, non seulement il ne sait bien entendu pas écrire, mais il a, pour tout arranger, mis quelques centaines de kilomètres entre ses filles et lui. Il est maintenant journalier à Saint-Clément, dans la Manche. Le couple parvient néanmoins à convoler à La Chapelle-Glain, bourg voisin de Saint-Michel, le 8 juillet 1889, dix mois et demi après la mort d'Angélique Peccot.

Le mariage expédié, Adolphe, trente-deux ans, et Joséphine, dix-huit ans, escortés par quelques amis, prennent le chemin de Chanveaux, distant de quelque cinq kilomètres, passant par la ferme de la Grande Ardenne où Joséphine était domestique, puis s'enfoncent dans la forêt et débouchent dans le hameau où ils vont habiter vingt-huit ans. Joséphine y reprend la couche désertée l'année précédente par la malheureuse Angélique.

Joséphine découvre le petit village qui, en d'autres temps, n'était pas relié à Saint-Michel et garde quelques minimes traces de sa puissance d'antan. Il ne compte plus que seize feux, et à part une épicière, il n'est plus peuplé que de journaliers, de bûcherons et de cultivateurs. Deux cocassiers viennent régulièrement acheter œufs et beurre et vendre quelques produits d'épicerie. Le village n'est pas très gai et il faut aller jusqu'à Saint-Michel, à près de trois kilomètres, pour trouver toutes les commodités : église, écoles, mairie, commerces, auberges. La route qui relie les deux parties du village est de ce fait presque toujours animée par les allées et venues de marcheurs et de carrioles.

Le bonheur n'a pas le temps de s'installer. La grande faucheuse s'invite une nouvelle fois sous le toit des Péan : Victorine meurt le 12 octobre suivant, trois mois après le remariage d'Adolphe. Deux enfants morts pour Adolphe. La consultation des registres d'état civil de l'époque fait prendre conscience du taux élevé de mortalité infantile. On peut imaginer que, malgré sa peine et le sentiment que le sort s'acharne sur lui, Adolphe considère que ce genre de choses fait aussi « partie de la vie ».

La vie reprend donc le dessus. Bûcheron pendant huit mois, journalier le reste de l'année, la vie d'Adolphe est rythmée par la nature et par le régisseur de la forêt qui transmet lui-même ses ordres au garde qui surveille la dizaine de bûcherons. Chaque mois d'octobre, ce garde réembauche les bûcherons ; il délimite des lots de valeur à peu près égale, leur attribue un numéro, réunit ensuite les bûcherons pour le tirage au sort des lots. Chaque bûcheron, maître d'une bande large de 40 à 100 mètres, part de la lisière, du côté du village, et s'enfonce dans le bois.

Adolphe commence par débroussailler à coups de serpc allées et sous-bois, les débarrassant des arbustes et épineux qui croissent entre les perches de châtaigniers et les chênes. Les tiges sont ensuite coupées sur une *jambe de bique*, puis mises en bourrées (fagots) vendues aux boulangeries de la région pour le chauffage de leurs fours à pain.

À cet exercice Adolphe excelle. Il est capable de confectionner plus de cent vingt fagots par jour. Il récupère aussi les petites branches de bourdaine ; celles-ci servent notamment aux boulangers qui y font des coches et comptent les pains achetés à crédit par chaque client. Rien ne se perd à cette époque où l'extrême précarité stimule l'inventivité et la débrouillardise.

Son lot nettoyé, Adolphe abat les perches de châtaigniers et les met en tas. Ce sont les fermiers des alentours qui les achèteront au printemps ; ils en feront des barrières, des piquets de clôture, des échaliers ou des échelles.

Puis vient le moment attendu, celui où Adolphe et ses compagnons gagneront le mieux leur vie, avec l'abattage des chênes. Selon un rite immuable, cette tâche débute fin avril, début mai. C'est lorsque les bûcherons estiment que la sève a vraiment commencé à monter qu'ils abattent un arbre, appelé « arbre du garde ». Ils le portent un samedi jusqu'à la maison du garde, située à Chanveaux (maison où réside aujourd'hui Georgette Aillerie, mère du maire actuel). Ils l'érigent dans la cour après avoir décollé l'écorce depuis le pied jusqu'aux premières branches. Ils le décorent avec du papier d'aluminium, des guirlandes, des boules, pour en faire une sorte d'arbre de Noël. Le régisseur remet au garde une certaine somme d'argent destinée à acheter du vin et quelques litres d'eau-de-vie pour faire la fête. Les bûcherons et leurs femmes font ripaille, boivent jusqu'à plus soif, *gavottent* aux sons du violon du père Péan.

Adolphe abat le premier chêne avec son hachereau et place le fût sur le *chépu*, ou *jambe de bique*, et c'est alors que Joséphine entre en scène, entamant l'écorce avec un *fendoir*. Adolphe attaque son deuxième chêne cependant que Joséphine prend sa *peloire* pour décoller l'écorce. L'écorce est disposée sur des bardeaux de trois à cinq mètres de long, à trente centimètres du sol à une extrémité et à un mètre du sol à l'autre, pour faciliter le séchage. Adolphe scie le fût en morceaux d'un mètre qu'on appelle *pelards*. Il ne reste plus alors que la tête avec ses branchages, qu'il redresse. Il prend sa serpe pour couper les petites branches et les relie avec deux liens pour en faire des *bourrées*. Tout l'art consiste à ne jamais laisser l'un des membres du couple inactif. Se déroule alors une véritable compétition entre les familles pour savoir qui sera le plus rapide et qui gagnera donc le plus d'argent. Ils ne prennent qu'une seule pause pour le déjeuner, ce qui leur fait des journées de quatorze à quinze heures.

Les écorces en paquets sèchent quelques semaines avant d'être emballées dans des sacs et transportées par des rouliers vers les tanneries de Pouancé ou Châteaubriant. Les bois pelés de chêne (les *pelards*) sont mis en tas pour être vendus comme bois de chauffage ou transformés en charbon de bois. Une douzaine de *cordes*[1] de *pelards* sont alors entassées autour d'une cheminée centrale et recouvertes de terre en forme de dôme au sommet duquel un fagot tient lieu de cheminée. On y met le feu par un petit trou situé près du sol, avec des herbes sèches. Le tout brûle lentement jusqu'à sa transformation en charbon.

Quand il a avancé d'un peu moins d'un kilomètre, Adolphe construit une nouvelle hutte. Dans une clairière au sol régulier, de préférence suréle-

---

1. Mesure ancienne valant trois stères.

vée. Mon père se rappelait bien la façon dont son père les fabriquait et m'a encore confié sa technique peu de temps avant sa mort. Adolphe commençait par creuser un fossé délimitant l'aire d'habitation. La terre dégagée lui servait à élever un muret qui laissait le fossé à l'extérieur. La charpente était faite de perches de châtaignier plantées dans le muret et attachées avec des lianes à une perche plus haute qui en formait le faîte. Entre les perches, tresses de lianes et genêts composaient un tissu aux mailles larges qu'Adolphe recouvrait de *plisses* – des lamelles de terre prises avec l'herbe à l'aide d'une pelle. La hutte étant ainsi hors d'eau, il installait d'un côté une porte en bois et genêts pivotant autour d'un piquet tenu avec une *hare*. Face à cette porte il creusait l'âtre d'une cheminée dans le muret de terre. Il ne lui restait plus qu'à fabriquer deux ou trois lits. Pour cela il enfonçait dans le sol quatre morceaux de bois avec une *fourchette* au bout, permettant de les relier par des perches. Des liens tendus entre celles-ci constituaient le sommier sur lequel Adolphe posait une *ganchière*, paillasse rudimentaire faite d'un grand sac rempli de feuilles sèches. On y déployait les draps, puis la couette. Pendant environ huit mois de l'année, toute la famille vivait dans cette hutte. S'il faisait trop froid ou s'il pleuvait beaucoup, elle allait néanmoins se réfugier dans la petite maison de Chanveaux.

Malgré la rudesse de l'époque, mon père, né en 1913, gardait un bon souvenir de ces longs séjours en forêt.

Tous les quinze jours, en fin d'après-midi, les bûcherons et leurs familles se réunissaient dans une grande hutte. Le garde y apportait la paie des travailleurs avec un fût de vin. On buvait, Adolphe prenait son violon et faisait *gavotter* les forestiers.

De la Saint-Jean à la fin octobre, Adolphe quittait sa forêt pour travailler dans les champs. Installé tout l'été dans une même ferme, il faisait *métive* : coupait le foin à la faux, les céréales à la faucille, participait aux battages et aux semailles. Mais certains étés, il arrivait qu'il se loue à la journée. Les travaux de ferme terminés, il s'en retournait dans sa forêt.

Immuable comme le changement des saisons, ce rythme fut le sien jusqu'à la naissance d'oncle Édouard. Adolphe et Joséphine participaient à la vie sociale de Saint-Michel-et-Chanveaux : baptêmes, mariages, décès, fêtes civiles ou religieuses. Deux personnages y jouaient un rôle prépondérant, le curé et l'instituteur.

En mars 1891, le couple déplore encore la mort d'un bébé – qu'ils ont lui aussi prénommé Adolphe – à peine âgé de cinq jours. Mais, encore une fois, la vie continue : peu avant Noël, Joséphine est de nouveau enceinte et accouche au mois d'août suivant d'une petite Joséphine dont sa sœur aînée, Angélique, va beaucoup s'occuper, libérant ainsi sa mère pour les travaux en forêt et dans les fermes.

Durant près de cinq ans, les registres de l'état civil ne signalent plus aucune nouvelle naissance chez le couple de bûcherons de Chanveaux, ce qui ne veut pas dire pour autant que Joséphine n'a pas connu de grossesses pendant toute cette période. Mon père m'a souvent raconté que sa mère accouchait ou faisait des fausses couches debout en pleine forêt et repartait travailler quelques heures après.

Le samedi 1ᵉʳ mai 1897 naît un petit garçon qui, cette fois, ne portera pas le prénom d'Adolphe, mais celui d'Édouard. Ses parents décident de rompre doublement avec la coutume et le cycle du malheur en lui donnant un nom qui ne soit ni celui de son père, ni celui de son parrain, ni celui d'un proche. En naissant un samedi, Édouard pouvait être baptisé le lendemain dimanche sans que la cérémonie empiète sur le temps de travail de ses parents. Les registres paroissiaux ne disent pas pourquoi ce n'est pas le curé de Saint-Michel qui ondoie le front d'Édouard et y dessine avec le pouce une croix, mais le vicaire de Noëllet, village situé à moins de trois kilomètres. Une fois de plus, Angélique est mise à contribution et fait office de marraine alors que c'est à un oncle, habitant à quelques kilomètres de Saint-Michel, que revient le rôle de parrain.

Un terrible cyclone s'abat sur la région le 12 février 1899. Puis c'est la fermeture des ardoisières, qui va entraîner une chute inexorable de la population. Alors qu'Édouard a bientôt trois ans, naît une petite Eugénie, la troisième fille de la famille, qui deviendra ma propre marraine.

Autant il est aisé, grâce aux souvenirs des uns et des autres, de reconstituer les efforts de la famille pour manger à sa faim, autant il est difficile d'imaginer les petits bonheurs simples qui viennent illuminer la vie dans la masure de Chanveaux ou dans la hutte. L'image d'Adolphe jouant du violon revient constamment. J'ai beau savoir qu'Eugénie et Marie – les deux jeunes sœurs de mon père – ont dû mendier dans leur jeunesse, je ne retiens d'elles que leur joie de vivre. Marie, la lavandière de Pouancé, objectait toujours : « Boh ! boh ! boh ! il y a toujours plus pauvre que nous ! » Les Legras m'ont raconté qu'en dehors de l'assistance organisée par la mairie, il existait une certaine solidarité villageoise. Celle-ci n'était pas réfléchie ni créée de toutes pièces, mais plutôt instinctive, à l'instar de celle qu'on rencontre au sein d'une famille. Le curé Rivron faisait ainsi tous les mois une *donnée de pain* pour les familles pauvres, et à chaque décès, pour obtenir des indulgences, les proches du défunt procédaient également à cette *donnée de pain* ou distribuaient du petit-lait de baratte aux enfants miséreux.

En ce début de siècle, la commune de Saint-Michel n'est certes pas riche, mais elle ne considère pas que l'éveil de ses enfants constitue une priorité. Ainsi, en février 1902, la municipalité refuse-t-elle d'inscrire au budget l'argent nécessaire à l'achat de cinq cartes de géographie de Vidal-Lablache. Le préfet du Maine-et-Loire ne l'entend pas de cette oreille : il envoie quelques semaines plus tard une lettre très sèche intimant à Victor Andorin, le maire, de faire voter le crédit de trente-cinq francs. Le conseil s'exécute.

Comme beaucoup de villages de l'Ouest, Saint-Michel, dont la grande majorité des habitants est très pratiquante, va vivre mal le vote de la loi de séparation de l'Église et de l'État. La hiérarchie diocésaine va mener longtemps un dur combat contre l'application de ces lois. Alexis Robert, élu maire à la suite du décès de Victor Andorin, démissionnera, moins d'un an après son élection, pour avoir refusé de décrocher les crucifix de l'école publique. Mais Saint-Michel ne basculera pas pour autant dans la violence contre les agents de la République et se limitera à une résistance passive. Tout se terminera par l'inventaire des biens de l'Église qui, de par la loi, devaient devenir propriété de la commune. Le 14 mars 1906, malgré les notifications faites en bonne et due forme, le brigadier de Pouancé dut constater l'absence du curé Rivron et du président du bureau des marguilliers, et ne put de ce fait pratiquer l'inventaire. Le receveur des domaines de Pouancé, accompagné de deux gendarmes à cheval, se présenta une deuxième fois, à 8 heures du matin, le 20 novembre de la même année, devant l'église paroissiale. Cette fois, les portes étaient ouvertes mais le curé était de nouveau absent. Les trois fonctionnaires allèrent frapper à la cure voisine. Là, ils trouvèrent le prêtre qui leur dit :

– Je ne peux aucunement vous prêter mon concours pour vous aider à faire l'inventaire. Je n'ai aucun renseignement à vous fournir. Il vous appartient de faire ce que vous jugerez utile.

Toujours escorté des deux gendarmes, le receveur s'en retourna vers l'église et entreprit de noter méticuleusement tout ce qu'il y trouva, à commencer par les « 51 bancs à dossier en bois dur, et autant d'agenouilloirs ». Déçu par tout ce qu'il venait d'inventorier, il termina son rapport par : « Aucun des objets décrits ne nous a paru avoir une valeur artistique pouvant les rendre susceptibles de classement. »

Les lois sur la laïcité n'ont eu aucun impact sur la vie du village, réglée au premier chef par le curé. Émile Rivron, arrivé en 1901, a rapidement conquis tous les paroissiens, mais aussi ceux qui pratiquent peu ou pas. Marie Aillerie, l'amie centenaire, est dithyrambique quand elle évoque ce bon curé : « Il aurait pu me demander n'importe quoi. » Elle qui est issue d'une famille plutôt laïque affirme qu'il ne voyait pas d'un mauvais œil la fréquentation des deux écoles publiques (filles et garçons), faute d'établissements privés dans le village : « Mes paroissiens s'entendent bien, je ne veux pas susciter la révolution avec une autre école », disait-il. Tolérant, le curé Rivron s'entendait bien avec l'instituteur, notamment avec Louis Poirier qui aura tenté pendant quatre ans d'enseigner au jeune Édouard les matières du certificat d'études primaires.

Le petit Édouard suit les cours de catéchisme à partir de la rentrée de 1903, première année de sa scolarité. Il a déjà rencontré le curé à la messe du dimanche, aux baptêmes et communions de ses sœurs, ainsi qu'aux différentes fêtes religieuses auxquelles il est impossible de déroger, comme les Rogations, les Fêtes-Dieu, la Sainte-Enfance et évidemment Pâques. Dans les yeux de Marie Aillerie se lit une joie enfantine quand elle évoque devant moi les processions des Rogations qui se déroulaient les lundi, mardi et mercredi d'avant l'Ascension. Nul doute qu'Édouard ouvrait lui aussi des yeux ébahis quand Fougère, le sacristain, les emmenait, dès l'aube, au long des chemins, de calvaires en reposoirs érigés dans les fermes, au son de ses échelettes maniées de telle sorte que les enfants croyaient entendre et répétaient plus ou moins fort « La bête de devant, la bête de devant... ». Les choristes, les enfants de chœur en soutane rouge et surplis blanc, enfin le curé Rivron fermaient la procession. Le curé récitait en marchant les litanies des saints en latin, et par intervalles on pouvait entendre des *ora pro nobis*. Lors des arrêts dans les fermes ou devant les calvaires, il prononçait quelques prières pour demander à Dieu de rendre la terre généreuse. Les deux dimanches de juin au cours desquels se déroulaient les Fêtes-Dieu étaient encore plus colorés. Les processions ne s'éloignaient guère de l'église et le chemin emprunté par le Saint Sacrement était tapissé de sciure teintée et de pétales de fleurs multicolores. Les guirlandes accrochées à des sapins jalonnaient la procession, colorée elle aussi par les bannières, les oriflammes et le dais. Même en dehors des fêtes, l'église était le principal lieu de rassemblement du village. Chaque dimanche après la messe, les groupes se formaient par affinités et papotaient, puis les hommes se dispersaient dans les neuf auberges pour boire souvent jusqu'à plus soif.

Le 22 juin 1907, Édouard a dix ans quand son père part, son violon sous le bras, à un mariage du gars des Boudouillères, Pierre Gougeon, fils de la fermière, avec la petite domestique de Pihambert, une certaine Alice Palierne. Il est probable que l'événement n'a pas spécialement marqué Édouard. Certes, il connaît les Boudouillères qui ne sont pas très éloignées de Chanveaux. Il connaît également Pierre Gougeon et Alice Palierne pour les avoir vus à la messe, mais il n'a vraisemblablement pas d'attaches particulières avec les gens conviés à la fête. La photo du mariage de mes grands-parents maternels, trouvée dans les archives familiales, ne laisse planer aucun doute : le monsieur en haut à gauche, avec un chapeau sur la tête, un œil crevé, le violon calé sous le menton, l'archet posé sur les cordes est bien Adolphe Péan. Il est là, c'est bien lui, le violoneux, qui, quelques heures après la photo, va faire danser les mariés et les convives qui les entourent. C'est lui, Adolphe, qui va pour quelques heures, par cette série de gavottes et de pascovias endiablées, transporter au septième ciel les danseurs et surtout la jeune Alice, qui se marie plus par raison que par amour. Elle gardera un souvenir ému des airs interprétés par cet homme dont elle ignore probablement le nom. Elle qui se montra si dure avec sa fille Alice, ma mère, la poussera à faire du violon, quelques années avant d'être subjuguée par Eugène, mon père, le fils du violoneux. Ma mère essaiera plus tard de me convaincre à mon tour d'apprendre le violon, mais je n'étais pas doué. Si j'avais su par quels enchaînements elle avait acheté le violon qui a séjourné toute mon enfance au-dessus de l'armoire de ma chambre, j'aurais peut-être persévéré davantage pour m'initier à cet instrument.

Le jour de la Saint-Michel, fin septembre, avait lieu la seule fête (presque) civile qu'on appelait l'*assemblée*. Quand ils ne se contentaient pas de regarder, tous les villageois participaient à la course de boucs, au mât de cocagne, à la course en sac, au manège de chevaux de bois. Édouard devait être de la foule. Je peux imaginer à la fois sa fascination, mais aussi sa frustration de ne pouvoir, faute d'argent, profiter de toutes les activités. Je peux d'autant mieux l'imaginer que j'ai éprouvé ce sentiment. Je pourrais même rebaptiser la place du Marché-aux-Chevaux (aujourd'hui place du 8-Mai-1945), à Sablé, place des Frustrations. C'est là que se tenaient les fêtes foraines, que s'installaient les chapiteaux des cirques de passage. À chaque fête nous rendions visite à Cui-Cui, un nain qui tenait un stand. Mon père lui achetait immanquablement un paquet de cacahuètes, parce que c'était un client du salon de coiffure, mais si je n'avais rien contre Cui-Cui, c'étaient les manèges et particulièrement les autos tamponneuses qui m'attiraient. Dans le même temps, ma seule présence au milieu des flonflons me mettaient mal à l'aise, parce que avec le peu d'argent remis par mon père, je pensais déjà à la fin de la fête alors qu'elle n'avait qu'à peine commencé. Mon rapport au cirque était – est toujours – analogue : ma sœur et moi, nous n'y allions qu'une fois sur deux. Cette pratique binaire s'appliquait à bien des domaines, notamment aux vacances à Saint-Brévin-les-Pins, initiées à la fin des années 1940 pour respecter les recommandations du médecin de famille. Après la guerre, Noël fut également générateur de grandes frustrations. L'orange et le livre de la Bibliothèque verte supportaient difficilement la comparaison avec les trains électriques ou même les albums de Tintin distribués par les pères Noël de mes différents amis. Aussi m'est-il on ne peut plus aisé d'imaginer les frustrations d'Édouard.

Planté au milieu du village, et quoique nourri de toutes les informations objectives, j'ai en revanche du mal à me le représenter circulant entre l'église et l'école, s'amusant avec ses copains dans sa blouse grise ou noire, passant sans les remarquer devant les quatre épiceries, les deux forgerons, les deux charrons, les deux sabotiers, le cordonnier, le bourrelier. Les carrioles s'arrêtent, elles viennent de Juigné, de La Prévière, d'Armaillé, de Noëllet ou de Challain-la-Potherie, puisque Saint-Michel-et-Chanveaux est implanté à la jonction de cinq routes. Celles-ci ne sont pas encore goudronnées, mais seulement empierrées réguliè-

rement par les cultivateurs qui, de cette façon, paient moins d'impôts.

Il est un peu plus facile de l'imaginer à l'école, aujourd'hui transformée en mairie. Quelques documents trouvés aux Archives départementales d'Angers et dans les papiers familiaux permettent en effet d'esquisser la fin de la scolarité d'Édouard. Début mai 1909, il termine le catéchisme par sa confirmation, et le 16 juin suivant, deux jours avant d'aller à Pouancé passer son certificat d'études primaires, il assiste dans un village voisin au baptême de la deuxième fille de sa sœur Angélique, ce qui n'est peut-être pas la meilleure façon de préparer son examen. Le jour J, il prend de très bonne heure la route de Pouancé et fait à pied les huit kilomètres. Il s'attable dans la salle avec trente-sept autres garçons mais n'est pas même autorisé à passer toutes les matières ! Le procès-verbal établi à Pouancé le 18 juin 1909, au soir du certificat d'études primaires, ne laisse pas place à la moindre interprétation : Édouard était cette année-là le plus mauvais élève du canton. Ses notes dans les matières fondamentales – orthographe, écriture, calcul, rédaction, agriculture, dessin – lui valurent un total insuffisant, notamment à cause d'une note catastrophique en calcul. Il ne fut pas admis à répondre aux questions d'histoire et de géographie de la France, matières intégrant les cours d'instruction civique.

Une visite dans le grenier de la mairie où sont encore entassés les cartes Vidal-Lablache et les livres des instituteurs, mais aussi les cahiers d'une écolière, Anna Aillerie, du même âge qu'Édouard, permet de se faire une idée de ce que l'instituteur Louis Poirier s'est évertué – a réussi ? – à lui inculquer pendant les trois dernières années de sa scolarité. Une morale laïque où l'empreinte de la religion reste encore très forte. Dieu en est absent, mais Ses enseignements y figurent. Si bien que les paroles de Louis Poirier et d'Émile Rivron sont complémentaires. Louis enseigne la bonté, et Émile est bon. Louis enseigne la tempérance : « La tempérance consiste à ne pas trop boire. » La modestie : « La vraie vertu ne se cache pas, mais jamais elle ne tire gloire d'elle-même. » Ou encore : « Il est bon de parler et meilleur de se taire » (phrase inscrite sur le cahier d'Anna le 2 mai 1908). Le goût du vrai : « Nous devons aimer tout ce qui est vrai, beau et bien », ou encore : « L'objet de l'intelligence est le vrai. » Mais Émile dit que tout procède de Dieu, maître de toutes choses, de tous destins, et qu'il faut suivre Sa loi sous peine d'aller en enfer. Il est probable que cette vision simpliste et pyramidale du monde était pour Édouard plus facile à comprendre ou en tout cas à admettre que la morale humaniste de son instituteur.

J'ai retrouvé dans les archives familiales plusieurs lettres du curé de Saint-Michel qui permettent de se faire une idée de l'influence du clergé et de la religion catholique sur les paroissiens : « Mettez toujours votre confiance en Dieu qui, toujours bon quand on l'invoque, vous aidera et vous dirigera. » Dans une paroisse composée de gens simples, la foi du charbonnier était de règle et apparaissait comme un rai de lumière dans un monde souvent enténébré. La famille d'Édouard avait de toute façon l'habitude d'invoquer les puissances surnaturelles pour solutionner ses problèmes quotidiens. Le Dieu et les saints du curé Rivron étaient mis à contribution aussi bien que des forces plus obscures gérées, celles-là, par les guérisseurs et tous ceux qui faisaient commerce d'irrationnel. En faisant des croix sur les plaies et en prononçant des formules en français ou en bas latin, les uns dissipaient le feu des brûlures, guérissaient les zonas et toutes sortes de plaies, entorses et coliques. Un cousin avec qui j'ai repris contact pour mon enquête familiale m'a sorti tout de go la prière du feu et son mode d'emploi : « Feu ! Éteins ta chaleur, comme Jésus-Christ a été trahi dans le jardin des Oliviers par Judas ! » Prière qu'il faut répéter neuf fois en même temps qu'on dessine neuf croix sur sa brûlure.

À Saint-Michel, une personne détenait le secret pour *aliéner les avettes,* c'est-à-dire pour attirer les abeilles sauvages dans son jardin. Les villageois savaient qui faire venir pour résoudre toutes les difficultés qui se présentaient à la ferme comme dans l'étable. Il y avait évidemment les *jeteux de sorts*, mais également ceux qui savaient les exorciser. Tout un univers inquiétant fait de secrets, de manigances, d'incantations, de peurs et de rumeurs, côtoyait ainsi le monde visible.

Émile Rivron laissait à Louis Poirier l'enseignement de *l'amour sacré de la Patrie*. L'instituteur se servait pour ce faire d'un livre écrit par Jacques Crozet, un instituteur public, intitulé *Le Livre d'or de la Patrie*, publié en 1897. On pouvait y lire en préface :

> ... *L'amour de la Patrie peut conduire à la conception et à l'application de l'idée humanitaire ; il faut reconnaître, en un mot, que le sentiment patriotique, loin d'être, comme on le croit trop communément, l'antithèse du sentiment de fraternité universelle, en est au contraire le corollaire obligé, et prépare le jour béni – mais combien loin encore ! – où toutes les nations sympathiseront et où tous les hommes communieront enfin dans un même sentiment d'amour, de justice et de solidarité.*
>
> *C'est donc travailler à la réalisation de ce bel idéal que d'apprendre d'abord à nos enfants à connaître et à chérir la France, champion infatigable – quoique souvent martyr, hélas ! – des*

idées libérales et humanitaires. Telle fut notre intention et tel est notre désir.

Après cette introduction, le premier texte placé en exergue de la première partie était un poème de Félix Gras :

> *J'aime mon village plus que ton village,*
> *J'aime ma Provence plus que ta province,*
> *J'aime la France plus que tout...*

Pour compléter un enseignement qui passait peut-être assez souvent au-dessus de la tête d'Édouard, Louis Poirier, comme les différents instituteurs de Saint-Michel, recommandait – ou prêtait aux enfants pauvres – *Le Tour de France par deux enfants*, découverte par les yeux émerveillés de deux gosses de la belle France, de ses savants, de ses écrivains, de ses artistes, le tout nimbé de bons sentiments tant moraux que patriotiques. Ce livre fut aussi mon livre de chevet quand j'étais enfant. Il avait appartenu à mon oncle maternel et parrain, né lui aussi à Saint-Michel l'année où Édouard ratait son certif et entrait à douze ans dans la vie active en devenant *bicard*.

Marie Aillerie a alors cinq ans, l'âge où les souvenirs commencent à se préciser. Elle est le seul témoin vivant qui puisse encore projeter une image d'Édouard, certes floue mais animée et que j'ai fait défiler en boucle dans mon esprit tout au long de mon enquête : « Je me rappelle très bien Édouard, il était très gai. Il était très bien aimé à Saint-Michel-et-Chanveaux. Il travaillait à la Chesnaie, sur la route qui relie Saint-Michel à Chanveaux… » Je dois avouer avoir été fasciné par le fait que cette femme assise en face de moi, si pleine de vie malgré son âge avancé, avait connu l'oncle Édouard. Elle était comme un lien entre la légende et la réalité. Après plusieurs rencontres, d'autres souvenirs lui sont venus. Lorsqu'elle était encore enfant, elle promenait ses vaches et passait près de la Chesnaie : « On lui criait bonjour et il nous répondait avec un grand sourire. » Ou encore, quand elle allait, l'hiver venu, à la veillée avec ses parents à la Chesnaie, située à deux cents mètres de leur maison de la Nymphaie, elle conserve le souvenir vivace d'un Édouard enjoué, rieur. Scène fugace qu'elle complète par l'évocation de ces veillées :

– On allait les uns chez les autres. La pièce était éclairée par des lampes à pétrole ou à carbure. Les hommes jouaient aux cartes, au brelan ou à la *garotte*, ou faisaient des *paillons* avec du *guenerat* [herbe haute ramassée en forêt] et des ronces, ou des paniers avec de l'osier, tandis que les femmes discutaient ou tricotaient autour de la cheminée. Selon les fermes, on mangeait des châtaignes grillées dans l'âtre, de la bouillie de blé noir très épaisse, et on trempait des petits carrés dans du beurre fondu. Les Gohier de la Nymphaie avaient une spécialité, le *pommé*, fait de pommes cuites longtemps et qui deviennent très compactes. On buvait du cidre bouché. Parfois on dansait, aux sons d'un accordéon, *l'avant d'eux*, la gavotte, la polka, la *gigouillette* ou la *pascovia*...

L'évocation de ces nourritures terrestres conduit Marie à parler d'une de ses grandes gourmandises d'autrefois :

– Il n'y avait pas de boulanger à Saint-Michel, car tout le monde faisait son pain. Quand la pâte était prête, ma mère en retirait un petit peu, la mélangeait avec du beurre, quelques œufs et du sucre, puis la faisait cuire en même temps que la pâte à pain. Quand c'était cuit, maman nous coupait cela en tartines. C'était un délice. Le meilleur gâteau d'aujourd'hui n'est pas meilleur.

De cette période qui court de l'arrivée d'Édouard à la Chesnaie jusqu'à son départ à la guerre, je puis encore me représenter deux petites scènes. C'est d'abord Édouard, participant à l'inauguration du calvaire. Les calvaires jouaient un rôle important dans la vie de Saint-Michel – et pas qu'à Saint-Michel ! – car ils rappelaient à tous la présence du fils de Dieu. On en trouve encore beaucoup en bordure des chemins, aux carrefours. Chacun faisait le signe de croix en passant devant. Le plus connu était – est – celui de la Hachetaie, près du village, sur la route de La Prévière, là où la procession de la Fête-Dieu aboutissait et s'épanouissait dans une luxuriance de banderoles, de couleurs et de cantiques... L'inauguration d'un calvaire, survenant à la fin d'une mission, était une grande fête où chaque famille tenait à être représentée. Celle du calvaire de Pihambert, sur la route de Challain, eut lieu quelques mois avant le début de la guerre. Marie Aillerie y était, Édouard aussi. La longue procession, conduite conjointement par le curé Rivron et par le prêtre qui avait assuré la mission du Carême, avait quitté l'église et emprunté la route de Challain pour rejoindre le chemin qui mène à la ferme de Pihambert, là où était employée Alice Palierne, la petite domestique mariée en juin 1907 à Pierre Gougeon, le gars des Boudouillères. La croix sur laquelle était clouée la statue du Christ était allongée, attendant d'être redressée. C'est Mme Servolle, propriétaire de Pihambert et de quelques autres fermes, qui l'avait offerte. La longue file des paroissiens michellois arrivait. Prières, érection du calvaire à l'aide de longues cordes, bénédiction, cantiques s'enchaî-

naient. Au-dessous de la croix, un carré de marbre
sur lequel on peut encore lire :

MISSION 1914

*

Indulgences

*

5 ans et 5 quarantaines
Pater avec *Ave gloria*

La bénédiction terminée, la longue procession
emprunte des petits chemins pour rejoindre la
route de Noëllet en passant par la Pochaie et la
Gaubinière et s'en revenir ensuite vers l'église. Les
paroissiens, fatigués après quelque cinq kilomètres
de marche, rentrent chez eux, soit, pour certains,
une nouvelle marche de trois, voire quatre kilomètres. Édouard avait de la chance : la Chesnaie
n'était distante que de sept cents mètres de l'église.
    Enfin la deuxième scène : c'est Édouard qui fait
l'acquisition d'une montre – la fameuse montre de
gousset que j'ai récupérée – à Pouancé, pendant la
foire annuelle de la Saint-Jean. Là, journaliers et
domestiques s'embauchaient pour une année et
recevaient un acompte des fermiers ou métayers
avec qui ils venaient de se mettre d'accord. Dans ce

monde-là, on se connaissait tous. Tous se fréquentaient, s'amusaient et buvaient de bons coups. Édouard s'est-il ce jour-là tenu à l'écart ? Était-il seul chez Rouault, un des deux bijoutiers de Pouancé ? Ma propre passion des montres me laisse imaginer l'excitation du *bicard*, ce petit domestique employé à la ferme de la Chesnaie, à la perspective de posséder un objet de prix qui était à l'époque encore assez peu commun dans les campagnes. Je me représente Édouard, la montre de gousset dans le creux de la paume, s'émerveillant de son cadran en émail blanc, de ses fleurs des champs peintes à la main, de ses aiguilles fines comme des jambes de jeune fille paraissant effleurer du bout du pied les chiffres romains.

Cette montre, fidèle amie qu'il portera désormais sur lui, jour et nuit.

VII

Le secret d'Alice Gougeon

Après avoir sillonné routes et chemins du Haut-Anjou à la recherche du moindre indice concernant la vie de ceux qui m'ont précédé, me voici, une fois de plus, revenu à Saint-Michel-et-Chanveaux, plus précisément devant la ferme des Boudouillères où mon arrière-grand-mère Gougeon était métayère au début du XXe siècle. Aujourd'hui y habitent Marcel Hamard et sa femme, liés à la fois au maire et à Marie Aillerie. Aucun doute possible : la photo de mariage de mes grands-parents maternels a bien été prise devant cette ferme. Photo importante, car elle annonce la rencontre de mes parents, du fait de la présence à la fête d'Adolphe, le violoneux, et parce qu'elle fournit un tableau réunissant celles et ceux dont je suis issu.

Le temps d'un chapitre, je m'en vais parler d'eux, plus particulièrement de mes grands-parents maternels et de ma mère, tout en m'éloignant moins de l'oncle Édouard qu'il peut y paraître. Pierre Gougeon, mon grand-père, était en effet domestique de ferme, comme le deviendrait Édouard quelques années plus tard. Ces protagonistes d'un instant partageaient *grosso modo* la même vie, ses joies et ses peines.

Le cliché que j'ai sous les yeux a donc été pris le 22 juin 1907. Il évoque beaucoup de choses qui, pour la plupart, m'échappent. M. Louis Charles, le photographe, qui « se rend à domicile », comme dit la réclame, est venu spécialement d'Angers pour immortaliser l'instant. Il a placé les cinquante-quatre invités – y compris Adolphe, le violoneux, et les deux préposés au service du repas, juchés sur le rebord d'une fenêtre – autour des mariés, selon un ordonnancement qui ne doit manifestement rien au hasard. La façade de la ferme, embellie d'une belle et longue treille, constitue le fond du décor. La photo couleur sépia ne cèle pas les deux seules teintes – le noir et le blanc – des costumes et toilettes endimanchés de l'assistance. Les femmes portent toutes une longue robe de tissu noir mais arborent une coiffe qui désigne leur pays d'origine. Si la mère et la grand-mère de la mariée ont la chevelure prise dans un simple demi-cercle de dentelle amidonnée que l'on porte à Issé (Loire-Inférieure), Alice Gougeon, ma grand-mère, est devenue angevine en épousant Pierre, et porte déjà la coiffe angevine, beaucoup plus gaie avec ses deux ailes verticales au-dessus des oreilles. Un petit bout de chemise blanche atténue la rigueur des costumes noirs des hommes. Les enfants, eux aussi habillés de noir, bénéficient également d'une belle tache blanche faite par une collerette de dentelle. Fier comme Artaban, droit comme un i, les mains réunies pour permettre à Alice de lui donner le bras, mon grand-père est décoré d'un ruban blanc à sa boutonnière, alors que ma grand-mère, tout aussi sérieuse, montre une belle pièce de tissu blanc sur les épaules.

« Une visite », m'a dit Marie Aillerie en examinant la photo à cent un ans passés. Elle a reconnu la « mère Hamard », l'arrière-grand-mère du fermier des Boudouillères, et la « mère Lebreton au Tertre », une ferme voisine des Boudouillères.

J'ai connu les deux héros de cette fête de juin 1907. Quels souvenirs en ai-je gardés ? Lui, Pierre Gougeon, avait été domestique, puis avait travaillé dans les ardoisières de Bel-Air de Combrée, après la guerre de 14-18, avant de finir sa vie comme jardinier, homme à tout faire, au collège de Combrée. Il s'est épuisé au travail et est mort en 1942. J'avais alors quatre ans, mais je me souviens encore fort bien de ses mains, des crevasses qui y laissaient la chair à vif. Cela m'impressionnait beaucoup. Un détail sans grande importance me revient : à table il ne mettait pas son verre devant son assiette, mais à côté des couverts. Ce que j'ai surtout gardé en mémoire, c'est sa douceur qui tranchait sur la sévérité de ma grand-mère Alice Gougeon, née Palierne. J'ai fait plusieurs séjours à Combrée pendant la guerre. Pour y aller, j'ai pris le train pour la première fois de ma vie sur une ligne qui n'existe plus aujourd'hui, reliant Sablé-sur-Sarthe à Châteaubriant. Je me souviens de la locomotive et de ses multiples bruits : jets de vapeur, rythme obsédant des roues motrices, et si je possédais le moindre talent de dessinateur, je pourrais reproduire l'intérieur des wagons de troisième classe que nous prenions. À Combrée, atteinte après un voyage de près de trois heures, je revois ma grand-mère nous accueillir, je discerne son visage aux traits durs, et – est-ce l'effet de ce que je n'ai su qu'après ? – je sens que ma mère la craignait autant que moi.

Je dois avouer que la dureté de cette femme n'a pas cessé de m'intriguer. J'aurais pu n'y voir qu'un trait de l'époque, mais ce n'était pas assez. Petit, et même en grandissant, j'avais perçu, à certains signes, que cette dureté puisait son origine dans des histoires ou des secrets que seuls les silences de ma mère ou ses lointaines évocations savaient laisser entrevoir.

Dès sa naissance en 1867 à Issé, Alice Terrien, sa mère, était préparée à perpétuer la tradition plus que séculaire des relations étroites avec les Ginoux-Defermon, propriétaires du domaine de Gâtines. Son parrain était un camérier du pape Léon XIII, le comte Georges Ginoux, qui deviendrait quelques années plus tard commandant des gardes mobiles de la Loire-Inférieure, et sa marraine, Alice de Mannoury de Croisilles, l'épouse du comte. La petite-fille du métayer Jean Terrien était ainsi entrée dans la famille des Ginoux, devenant leur fille en religion et portant le prénom de la comtesse. Cette sollicitude se concrétisa plus tard par le paiement des études de la jeune Alice. Georges Ginoux et son frère furent ensuite témoins à son mariage et apposèrent leurs signatures au bas de l'acte civil passé devant le maire d'Issé. De cette union protégée par les châtelains naquit Alice Palierne, ma grand-mère. Le mari d'Alice Terrien mourut alors que leur fille, la petite Alice Palierne, avait dix ans. Il fut remplacé dès l'année suivante par un cousin du défunt, portant lui aussi le patronyme de Palierne. Le nouveau couple quitta alors Issé pour Noëllet, petit village du Maine-et-Loire, distant de 2,5 kilomètres de Saint-Michel-et-Chanveaux, où habitaient les parents et frères du nouvel époux d'Alice. Celui-ci abandonna son métier de journalier pour celui de carrier dans les ardoisières toutes proches de Bel-Air de Combrée.

Pendant quelques années, ma grand-mère resta à Issé, hébergée par sa grand-mère paternelle, et y poursuivit sa scolarité. Puis elle finit par rejoindre sa mère, son beau-père et leurs deux petites filles, nées à Noëllet en 1901 et 1902. La jeune Alice trouva une place de domestique à Pihambert, ferme située à deux kilomètres du centre de Saint-Michel, là où allait être inauguré un beau calvaire juste avant la Première Guerre mondiale. Elle était ainsi installée dans le village d'Édouard, « mon » village. Sans trop laisser vagabonder mon imagination, je me plais à placer dans la même nef ou sur le même parvis, à quelques mètres l'un de l'autre, celui qui n'est pas encore mon oncle et celle qui n'est pas encore ma grand-mère. Cette même aïeule qui a gardé toute sa vie, telles de précieuses reliques, les lettres et surtout les cartes postales qu'elle reçut pendant ces quatre ans passés à Pihambert.

À la lecture de ces lettres, j'ai pu voir que ma grand-mère ne se plaisait guère à Saint-Michel, car elle gardait la nostalgie d'Issé. Ses amies entretenaient ce sentiment en lui envoyant carte sur carte. Anne-Marie et Marie-Louise ne cessent de penser à elle et lui adressent des mots d'une infinie tendresse. La mort de son beau-père Palierne, le carrier de Noëllet, survenue en 1905, ne semble guère affliger Alice, car ses amies d'Issé n'en font même pas état. Quatorze mois après le décès du carrier survient un événement qui, une fois de plus, va bousculer fortement et durablement — jusqu'à aujourd'hui — ma famille maternelle : la jeune domestique de Saint-Michel apprend que sa mère vient d'accoucher d'un petit Alexis, « né de père inconnu ». Coup terrible dans une famille qui cherche constamment la respectabilité et s'est toujours réclamée de Dieu et de son fils mort sur la Croix « pour racheter tous les péchés du monde ». Dans le courrier retrouvé, je puis imaginer que ma grand-mère Alice s'est confiée à ses amies d'Issé. Anne-Marie lui envoie une carte prémonitoire sur les conséquences de la naissance d'Alexis. On y voit une jeune fille, les mains jointes, à genoux au pied d'une croix plantée au bord de la mer ; une couronne illumine l'intersection des branches de la Sainte Croix, comme un soleil ; imprimé sur la carte : « Crois. Espère. Aime. » Au dos de la carte, Anne-Marie console Alice : « Je l'ai choisie pour toi. Qu'elle te porte bonheur. Pour une amie, c'est mon plus grand désir. Celle qui pense à toi. Un doux baiser de loin. Bonsoir. »

C'est à cette époque que le curé Rivron, de Saint-Michel, entre dans la vie de ma grand-mère pour y occuper une place importante, devenant rapidement son guide en toutes choses. Dans le domaine religieux, il la convainc que le salut ne peut venir que de la Croix et de la Sainte-Vierge. Émile Rivron, comme on l'a vu, s'occupe de tout à Saint-Michel. Il pense alors à unir la « belle âme » d'Alice, en qui il a décelé d'emblée des capacités à se forger un meilleur avenir, à une autre « belle âme » qu'il a repérée depuis son arrivée au village. Il s'agit d'un certain Pierre Gougeon, la trentaine, natif du lieu, dont la mère, veuve depuis 1900, tient tant bien que mal la ferme des Boudouillères. Le curé sait que Gougeon est un bon chrétien, travailleur, qui fera un bon époux. Il incite le gentil gars des Boudouillères à écrire à la domestique de Pihambert. Dans le courant d'août 1906, Pierre s'exécute et demande la petite Alice en mariage. Le 30 août, ma grand-mère lui répond avec distance, non sans une certaine ironie :

> *Comme je tarde un peu de vous rendre réponse, vous allez peut-être croire que je n'ai pas reçu votre lettre, mais il n'y a pas eu de difficultés dans l'adresse.*
>
> *Alors pour le sujet de vos intentions dont vous m'avez fait part, je ne puis vous dire aucune réponse réelle, car je ne vous connais pas et je suis jeune pour m'être arrêtée à penser au mariage,*

mais comme il faut bien se résoudre à quelque
chose pour l'avenir, je ne vous dis pas non. Donc
si vous avez l'intention de me parler, vous
pouvez venir à la maison, je crois que mes
patrons n'en diront rien et je ne peux pas vous
dire à l'avance à quelle messe que je vas le diman-
che, mais je serai à la maison le jour des courses de
Pouancé et le dimanche d'après. Il ne faut donc
pas compter sur moi pour les courses, car je n'y irai
pas.

Recevez mes salutations.

Comment Pierre a-t-il réagi à ce refus de le
rencontrer à l'église de Saint-Michel et aux courses
de Pouancé ? Mes archives sont muettes à ce sujet,
mais arrive bientôt une nouvelle lettre d'Alice datée
du 6 novembre suivant, toujours adressée à Pierre,
aux Boudouillères, qui montre l'ambiguïté et l'indé-
cision d'Alice. Elle hésite à couper les ponts avec
son chevalier servant, mais n'est visiblement pas
pressée de s'engager. Elle fait donc un peu durer le
plaisir, et, en petite chipie, lui pose un lapin :

Cher ami,
Je vous envoye deux mots pour vous demander
excuse de ce que j'ai mal agi enver vous dimanche,
et surtout que vous avez fait un voyage perdu. Je

vous assûre que je regrette beaucoup que je n'étais pas là, surtout que je savais que vous deviez venir, mais seulement, comme le temps était changeant et d'après ce que vous m'aviez dit que s'il se trouvait du mauvais temps cela pourrait vous empêcher de venir, et que l'heure était déjà avancée, je ne comptais plus sur vous.

Il ne faut donc pas croire que c'est un exprès, comme vous le pensez, que j'ai voulu faire, ni pour me moquer de vous, car si j'avais eu ces intentions-là je ne vous écrirais pas aujourd'hui ; donc, malgré cette preuve, vous pouvez croire que je pense toujours à vous, et même plus que jamais, alors si vous avez les mêmes sentiments il ne faut pas que cela vous empêche de revenir, mais je ne puis pas m'attendre à vous sans réponse, pour le jour cela m'est égal, mais le jour que vous me fixerez je vous promets être là, car le regret que j'ai de vous avoir trompé est assez grand pour vous l'assurer.

Donc je termine mon entretien avec vous, mais j'ai l'espoir de reprendre ce que j'ai perdu dimanche.

En attendant, bien le bonjour et recevez de ma part les plus doux sentiments.

Alice Palierne.

Excusez-moi si je ne vous envoye qu'une feuille de papier, car j'en ai pas d'autre.

Alice a réussi à récupérer un Pierre qui se demandait à quel jeu elle jouait. Le 9 décembre 1906, cette fois, Alice s'est fait une raison : influencée par le curé, elle déclare son amour à son « cher ami » :

C'est un plaisir toujours nouveau de penser à vous et de vous témoigner mon affection afin que ma lettre vous soit aussi agréable que celle que j'ai reçue de vous, car quand on désire il faut peu de chose pour satisfaire, et quand on aime le cœur est toujours sensible à la moindre marque d'amitié. Donc, soyez sûr que je pense toujours à vous et que mes pensées sont aussi les vôtres, et j'ai l'intention de vous voir au jour fixé qui est dimanche prochain, 16 décembre, car pour le moment je ne connais rien qui puisse empêcher, pas même que ceux de la maison [les Monnier] *se moqueraient de vous à ce sujet, car il n'a jamais été question de l'affaire que lorsque j'ai arrivé pour me dire que vous étiez venu* [allusion à la fois où Pierre s'est présenté à la Pihambert alors qu'Alice n'était pas là] ; *pour la prolongation de cette attente, je ne saurai m'en contrarier puisque c'est moi qui en suis la cause, mais au contraire le sujet est pour affirmer que l'amitié que nous avons l'un pour l'autre en est que plus réelle.*

En attendant le plaisir de vous voir, recevez les sentiments d'amitié de celle qui vous aime.

Votre amie, Alice Palierne.

Le 3 mai 1907, nouvelle lettre d'Alice qui, depuis quelques semaines, participe activement aux préparatifs de la cérémonie de mariage :

Je vous rends réponse pour vous dire ce que j'ai pensé de ce que vous me dites au sujet de la messe de mariage, c'est qu'il n'y a guère moyen de faire autrement, car pour le 17 juin je sais qu'Aurillar est demandé et le 18 cela n'est plus possible, si cela vous arrange tâchez donc de venir dimanche prochain après vêpres, ce serait plus commode de parler ensemble, mais si vous ne pouvez, tâchez donc de décider tout pour le samedi 22 juin en expliquant les causes à M. le Curé, peut-être qu'il voudra.

Maintenant, pour vous, jugez comment il est à propos de faire. Tant qu'à moi, je préfère vous parler.

Recevez de votre amie mes plus doux sentiments et une cordiale amitié.

Voilà tout ce qu'il reste de la naissance de cette union. C'est effectivement le 22 juin qu'Alice Palierne, dix-neuf ans, prend Pierre Gougeon pour époux. Ils se marient civilement à 9 heures du matin à la mairie de Saint-Michel-et-Chanveaux, puis sont bénis par le curé Rivron qui ne boude pas son plaisir d'avoir fabriqué un si beau couple de fidèles. Tout le monde fait ensuite la fête aux Boudouillères au son du crincrin du père Adolphe.

Alors qu'Édouard est dans sa onzième année, Alice et Pierre travaillent, à quelques centaines de mètres de la Chesnaie, comme journaliers, aux Boudouillères, pour aider la veuve Gougeon. Alice va bientôt s'arrondir. Elle donne naissance à un petit Pierre à la mi-octobre 1908. Elle est à peine remise sur pied qu'à la Toussaint suivante la famille doit trouver un autre toit, car le propriétaire des Boudouillères a décidé de ne pas renouveler le bail à la mère Gougeon.

À quelques kilomètres de là se trouve une cité ouvrière abandonnée pour cause de fermeture des ardoisières. Le Pavillon est situé à quelques dizaines de mètres des limites de Saint-Michel et fait partie de Juigné-des-Moutiers, en Bretagne. René Letort, riche marchand de bois de Pouancé, en est le nouveau propriétaire. Il embauche Pierre Gougeon comme roulier et lui fournit un logement proche de l'écurie des chevaux de trait dont il a la charge et qui servent à transporter les troncs abattus dans la forêt voisine. Fin octobre 1909 naît au Pavillon Alice numéro 3 ma mère. Elle ne restera dans ce lieu que six ans, mais ces années d'enfance la marqueront à jamais. De cet endroit elle aura tiré beaucoup de craintes et de tourments, et quelques maigres bonheurs. Sa mère, dont la forte personnalité s'impose à un Pierre tendre et gentil, vit avec un lourd fardeau, celui des secrets d'Issé, mais aussi de Noëllet.

À Issé, les Terrien, tout en étant au service des Defermon comme serviteurs et métayers, étaient reconnus et appréciés, alors qu'à Saint-Michel et maintenant à Juigné Alice Gougeon n'est plus que l'épouse d'un roulier et se sent reléguée au bas de l'échelle sociale. D'où venait cette fierté de ma grand-mère ? Était-ce d'être issue d'une famille qui pendant des siècles avait côtoyé de riches propriétaires devenus comtes d'Empire ?

Ma grand-mère ne pouvait compter sur son mari pour la hisser au niveau social auquel elle esti-mait devoir placer sa famille. Elle trouvait Pierre trop docile, trop soumis. Et cette rage au ventre ne la quitterait jamais. Le curé Rivron connaissait sa volonté de fer et ses capacités. Quoique Alice ne fît plus partie de ses ouailles, il demeura son ange gardien et l'encouragea à reprendre ses études.

Ma mère était une petite fille fragile. Elle absorba comme un buvard les non-dits et frustrations de sa mère. J'ai retrouvé dans ses papiers quelques lignes écrites au dos de vieilles enveloppes après que je lui eus demandé de coucher sur le papier ses souvenirs, à la fin des années 1980 :

Je suis née à Juigné-des-Moutiers, un petit bourg comme tant d'autres, mais dans un village où il y avait une cité qui n'était plus habitée, mais qui avait été construite pour loger les gens qui travaillaient dans une carrière d'ardoises à ciel ouvert, et non loin de cette carrière quelques maisons dont le nom était la Taugourde. Au Pavillon où je suis née ainsi qu'un de mes frères, Armand, il y avait seulement quelques autres personnes. Notre maison avait un jardin et avait un four à pain et je me souviens que chaque semaine, maman faisait le pain. Elle achetait de la levure chez le boulanger et le pétrissait dans la huche après l'avoir vidée du peu de vaisselle qu'elle contenait. Le four était chauffé avec des bourrées d'épines que mon papa faisait. Ces bourrées, appelées fagots, se faisaient avec une espèce de fourche à deux branches et des gants pour protéger le dessus des mains. Ces épines se prenaient sur les haies, chaque année, je crois à une certaine saison. Le pain était rond, de

12 livres environ, et se conservait bien. Après la cuisson du pain, on pouvait aussi cuire des pâtés, des fruits, pommes ou poires, et c'était délicieux. Il était fait une grande consommation de pain, parce que c'était la principale nourriture (du pain, mais peu de fricot). Mes parents achetaient un demi-cochon par an, le temps qu'on a habité ce petit hameau, et il était transformé en lard, saucisses, boudins avec herbes et morceaux de lard, rillettes, ça nous poussait plus loin.

On ne connaissait pas le bifteck, seulement quelquefois du pot-au-feu ou de la poule. Les gens n'étaient pas riches : il n'y avait que des riches ou des pauvres. Je me souviens encore que papa gagnait 40 sous par jour : 40 sous d'avant la guerre de 14, c'est-à-dire des sous en bronze ou en nickel.

Je me souviens de mes premiers souliers, j'allais au bout du chemin, près de la barrière, avec l'espoir que les passants les auraient regardés, tellement ils me faisaient plaisir.

Le souvenir aussi du biquet que l'on tuait, pendu à un pommier, et qui avait un cri d'enfant, et c'était pour le manger.

Le souvenir aussi lorsque je suivais papa qui portait une culotte de velours, comme tous les ressortissants de la campagne, je voulais l'imiter en serrant mes genoux pour que ça fasse le même bruit (qui bien entendu ne venait pas). Mais il y a quinze à vingt ans, j'en ai eu une, de culotte de velours, que j'ai toujours et qui m'a donné le plaisir désiré de mon enfance, je m'en suis souvenue et j'y pense à chaque fois que je la vois ou la porte.

Le souvenir aussi des carrières remplies d'eau qui m'ont fait si peur chaque fois que je passais sur la petite veillette, et qui m'ont donné bien des cauchemars. Le souvenir, alors que je suis montée avec maman au premier étage, dans la cité inhabitée, pour avoir eu peur d'une souris, j'ai dégringolé l'escalier à la renverse et j'ai toujours une belle cicatrice qui a beaucoup saigné et que maman m'a soignée avec des fleurs de lys trempées dans l'eau-de-vie (c'était le remède).

Et que maman allait laver son linge au douai ; de la machine à coudre [Pfaff] qu'elle a achetée avant la guerre de 14 et qui a été amenée avec une auto que je n'avais jamais vue de si près, et qui a permis à maman d'apprendre à coudre et de faire des caleçons ou chemises pour les soldats.

Oui, je me souviens de la déclaration de la guerre de 14 et avant.

C'est décousu, mais c'est à refaire.

Comme j'y pense, une histoire racontée par maman, mais dont je ne suis pas témoin, j'étais trop petite. Mon frère Armand est né le 16 juin 1912, et moi le 27 octobre 1909. Peu de temps après sa naissance, il pleurait la nuit parce qu'il avait faim, *sans doute, et quand maman en a eu assez de l'entendre, alors qu'elle avait tant envie de dormir, elle prend sur le guéridon ce qu'elle croyait être le biberon et lui met dans la bouche, mais il a continué à hurler. Elle cherche alors la lampe pigeon et, ne la trouvant pas, elle allume une allumette et constate qu'elle lui avait donné la lampe pigeon au lieu du biberon. Ça ne m'étonne pas qu'il n'a pas aimé.*

Ma mère m'a souvent raconté ces menus souvenirs où revenait surtout sa peur des carrières très profondes, remplies d'eau, quand sa mère l'emmenait sur le chemin (la *veillette*) qui les bordait, pour aller laver son linge. La petite Alice *tirait à renard*, comme elle disait, du côté opposé à l'eau noire. Ses yeux s'illuminaient en revanche quand elle évoquait le souvenir de la *vieille de la Taugourde*, une voisine qui était si gentille avec elle et qui lui offrait des galettes de blé noir. Elle ne gardait par contre aucun souvenir de la décision de sa mère, encouragée par le curé Rivron, début 1914, de se remettre à ses études, comme l'atteste une lettre du curé datée du 14 janvier 1914 :

Ma bonne Alice,
J'avais si bien caché votre lettre que je ne pouvais plus la retrouver. Ce soir elle s'est dénichée ! Enfin vous voilà installée à la fameuse

école rêvée. Vous avez commencé vos cours ! Bon
succès dans vos études !

Vos enfants sont placés et le prix de la pension
fixé abordable ! C'est une grosse préoccupation de
moins. Mais quelle est cette maison ? Vous
présente-t-elle des bonnes garanties au point de
vue religieux ? J'espère que oui. Voyez-les le plus
souvent possible et parlez-leur du bon Dieu et de
notre sainte religion comme vous faisiez au foyer
familial. Conservez en toute liberté vos pratiques
religieuses. Montrez-vous telle que vous êtes,
sans provoquer personne, mais aussi sans respect
humain. Écrivez-moi de temps à temps et
parlez-moi de vos enfants et de votre vie. Consa-
crez-vous à la bonne mère du Ciel. Bonjour à
Pierre.

Croyez à mes bons sentiments respectueux.

E. Rivron.

Les efforts d'ascension sociale d'Alice furent brisés
net, l'été suivant, par le départ à la guerre de son mari
malgré ses trente-neuf ans. Elle se réinstalla avec ses
trois enfants au Pavillon, à Juigné-des-Moutiers.
Puis, autour de la Toussaint 1915, advint un nouveau
drame qui allait lui aussi se transformer en lourd
secret de famille. Chacun des rejetons d'Alice
Gougeon en a fourni une version différente. Devant

ses enfants et petits-enfants, Pierre, l'aîné, à l'occasion de ses quarante-cinq ans de mariage, l'a longuement évoqué en ces termes :

... Nous avions des jeux simples au milieu d'un paysage sauvage de carrières, de bâtiments et d'ardoises abandonnés. Ce bonheur ne pouvait durer... Vers 1915, un dimanche après-midi, ma mère et moi étions assis sur un tronc de chêne abattu quand survint, furieux, M. Letort, notre employeur-propriétaire. Si ma mère s'obstinait dans son refus, elle devait avoir quitté les lieux à 5 heures. J'ai cru comprendre plus tard qu'il voulait l'obliger, sans pudeur, à loger dans notre appartement de deux pièces l'ouvrier agricole qui remplaçait mon père, parti à la guerre. Le propriétaire parti, je vis ma mère en larmes ; c'était la première fois et ce fut la seule. Quelque temps après, nous déménagions notre modeste mobilier sur une ou deux charrettes fourragères...

En examinant les événements de ma vie, il n'y a pas longtemps, cette épreuve m'a paru être la première et douloureuse étape d'une ascension culturelle, humaine et spirituelle de toute la famille et des générations à venir.

Nous arrivâmes dans la jolie petite cité de Pouancé. Nous habitions à quatre dans une seule pièce, au bord de l'étang, à l'ombre des tours et des murailles du vieux château féodal, parsemées de giroflées et animées par le vol et les cris des corneilles qui l'habitaient. Ma mère se mit à coudre à la machine des chemises pour l'Armée en chantant à tue-tête pour lutter contre la tristesse de la séparation…

J'avais reçu en héritage une version plus courte mais moins policée. Alice Gougeon, ma grand-mère, avait été obligée de quitter sur-le-champ la petite maison du Pavillon parce qu'elle avait refusé les avances de René Letort, l'employeur de mon grand-père, logeur de la famille Gougeon. S'est-il passé quelque chose ? Quoi qu'il en soit, un pesant mystère planait en tout cas dans ma famille à propos de cet épisode.

Ma collection de cartes postales permet de confirmer que la famille s'est bien installée dans un lieu-dit appelé Les Bourbiers, à Pouancé, au début novembre 1915. Alice écrit en effet à son mari, le 9 :

Je t'envoie le vu de notre quartier. J'ai marqué la maison d'une +, c'est le deuxième groupe de maisons, il y a un jardin devant où est le puits, notre jardin est derrière, où il y a un C c'est la chambre où est le bois, où il y a un J c'est le puits. Il y a une haie entre la route et la chaussée ; au bout se trouve le déversoir et notre chemin qui passe entre le mur du jardin et le tas de bois. Où il y a un B c'est la buanderie qu'on apercoit, la couverture se continue et forme hangar pour entrer dans notre cour qui est fermée d'une petite grille de fer, c'est la maison à la voisine qui est la plus près du chemin qui arrête à un pré derrière notre jardin. Ce serait serré si nous avions les fûts. Tout le bois est ramassé dans la chambre et le grenier. Je t'envoie ces détails pour te distraire. Ton amie qui t'aime et qui t'embrasse bien fort,

Alice Gougeon.

Cinq jours plus tard, Alice envoie une nouvelle carte où point un désarroi dont il est difficile de deviner la ou les raisons :

La dernière lettre que j'ai reçue de toi est du 7 nov. Je l'ai reçue jeudi. Depuis ce moment, un sentiment de crainte s'est emparé de moi et le lendemain je n'ai pas eu de lettre, me voilà au troisième jour sans nouvelles. Je ne devrais peut-être pas m'en tourmenter, et pourtant j'ai de terribles craintes. Que c'est pénible de ne pouvoir se racheter à aucun prix de cette terrible guerre ! Que je voudrais te savoir en sûreté ! J'ai bien espoir, mais cela ne me garantit rien. Dans ma

peine, je ne peux rien te dire, que je pense beau-
coup à toi et t'embrasse affectueusement.
  Ton amie et tes enfants,
                                    Alice Gougeon.

Une carte du 10 décembre 1915 est encore plus troublante. Au dos d'une photo de famille où l'on voit sa mère, ses quatre filles, le fameux Alexis et les trois enfants d'Alice Gougeon, elle écrit :

Voilà le groupe dont je t'ai parlé hier soir, tu nous reconnaîtras bien tous. Il me semble que c'est moi la moins naturelle avec cette coiffure ; comme je ne mets rien pour grossir les cheveux dans les tempes, cela ne va pas si bien sur le papier. Tu préférerais me voir en coiffe, mais on me conseillait de me mettre comme mes sœurs. Je ne sais pas si je t'ai dit que les enfants vont à l'école, maintenant. Pierre s'y plaît bien, il y prend du goût. J'ai donné 1,75 franc pour son mois. Alice et Armand dînent à l'école, c'est à cause du mauvais temps, et pour ne pas les fatiguer, je donne un sou à chacun pour la soupe ; le pain est fourni et pour la soupe je leur donne ce qu'il leur faut en plus. J'ai parlé à la maîtresse pour la ques-tion que tu sais, elle ne peut m'aider. Toute seule, cela m'apparaît bien difficile, maintenant ; c'est cette question qui me tourmente le plus, mais je ne

veux point pour cela laisser ça de côté. J'ai écrit à
M. Bouin, lui demandant l'adresse de la direc-
trice pour avoir des renseignements exacts. Nous
t'embrassons tous.

Alice est bien mystérieuse avec cette *question que*
tu sais, qui la *tourmente le plus* et qu'elle ne veut pas
laisser de côté. Mais elle reprend rapidement le
dessus et, encouragée par le curé de Saint-Michel,
elle s'inscrit au début de l'automne 1916 à l'école
de sages-femmes de la maternité d'Angers. Elle s'y
installe avec ses enfants.

Ma mère Alice gardait un très mauvais souvenir
de cette période où elle fut martyrisée. Elle
racontait que pour la punir, toujours pour un rien,
on lui enfonçait la tête sous l'eau jusqu'à ce qu'elle
en eût la respiration coupée. Son père était
toujours soldat et se remettait d'une blessure dans
un hôpital. Comme sa femme, il était toujours en
relation avec le curé Rivron qui répondit à ses
vœux au début de 1917 :

Merci de vos aimables vœux. Recevez les
miens, dictés avec le même cœur. Daigne le bon
Dieu les bénir ! Bonne santé d'abord. Dieu merci,
vous allez mieux : mais je vois que vous avez été
bien éprouvé et que maintenant le remède le
meilleur sera un repos prolongé et les bons soins de

l'hôpital qui vous abrite. Bon courage aussi, vous
en aurez besoin. Car quand finira cette terrible
guerre ? L'ennemi garde toujours contre nous sa
fureur et son désir de nous anéantir. Et qui sait,
si dans son habileté infernale, il ne va pas gagner
encore quelques nations à sa cause ?

Alice ne m'a pas écrit si elle était accoutumée, si
cette nouvelle vie lui plaisait, si les enfants
pouvaient facilement aller au catéchisme, avaient
bonne éducation. Elle sera sans doute trop prise
par ses cours et n'aura pas tout le temps libre. J'ai
grand désir que tout se passe bien : car dans deux
ans elle aura des moyens d'existence plus faciles.
Recommandez tout cela et votre santé à la bonne
Mère du Ciel, qui vous bénit.

Votre bien affectueux...

Quelques jours plus tard, le curé écrit à Alice, sa
protégée. Chaque lettre révèle ainsi à la fois ses
préoccupations religieuses et civiles, puisqu'il lui
recommande d'écrire au député d'Angers :

Il est regrettable que vous ne puissiez vous
donner à vos devoirs religieux aussi souvent que
vous l'auriez désiré. Que voulez-vous, ma pauvre
enfant, de nécessité faites vertu. Un moyen de
suppléer à toutes ces pratiques extérieures de piété,
c'est la vie intérieure de religion. Restez fidèle à

votre prière du matin et du soir, dussiez-vous la faire dans votre lit ; ne vous endormez jamais sans avoir récité au moins une dizaine du chapelets ; pendant trois minutes, à la dérobée lisez un chapitre de l'Imitation ou de l'Évangile, puis, le long de la journée, habituez-vous à vous rappeler la pensée de la présence de Dieu : « Dieu me voit ; mon Dieu, je Vous aime. » Répétez souvent de cœur ces courtes prières : ajoutez-y toujours une invocation à la Vierge immaculée, surtout dans les dangers de la tentation. Vous devez bien avoir parmi vos compagnes une ou plusieurs qui partagent vos idées religieuses. Choisissez-la comme amie. Confessez-vous et communiez quand il vous sera possible. Faites-le prudemment, mais sans respect humain. Parlez-moi dans votre prochaine lettre de vos relations avec vos maîtres, maîtresses, compagnes. Ne me cachez rien. Vous êtes assurée de ma discrétion.

Quant à vos enfants, profitez des rares instants où vous pouvez les voir pour leur parler de ces pratiques de piété que je vous conseille à vous-même. Soignez leur âme comme une bonne mère chrétienne. Suppléez à cette vie d'indifférence religieuse à laquelle on veut les habituer. Puis, dans les vacances, vous redoublerez de vigilance et de zèle.

Pierre m'a écrit une charmante lettre à laquelle j'ai répondu sans retard.

Écrivez à M. Bougère. Vaut mieux tard que jamais. Voici son adresse : « Bougère Laurent, député, rue Chevreul, Angers. »

Demain c'est notre grande fête de l'Adoration. Je penserai à toutes vos intentions.

Manifestement, les conseils religieux du curé sont entendus. En février 1917, l'élève sage-femme a choisi une carte postale intitulée *La Foi*, montrant une jeune fille tenant une croix entre ses mains, pour donner de ses nouvelles à son cher « soldat » :

Mon cher ami,

Je n'ai pas grand-chose à te dire, aussi je t'envoie une carte, j'ai acheté cela dimanche. J'ai reçu celle que tu m'as envoyée, j'en suis bien contente ; tu me dis qu'on dirait revenir jeunes, c'est vrai qu'on est comme des enfants, il faut peu de chose pour faire plaisir, mais moi je crois que ce n'est pas de la jeunesse mais de l'amour qui augmente avec les années. Et je t'embrasse de tout mon cœur en attendant de t'embrasser réellement.

J'ai vu les enfants ce matin, Armand y était, on dit qu'il tousse encore un peu. Aujourd'hui j'ai des figues à leur donner, en allant nous promener

*je mettrai cela à la conciergerie, c'était trop gros
pour porter cela à la messe.*

Ton épouse qui t'embrasse,

Alice Gougeon.

La carte suivante, envoyée de la maternité, début mars, montre la même jeune fille que la précédente, mais portant cette fois un cœur et des roses, le tout sous le label de *La Charité* :

Mon cher ami,

Hier, jour de sortie libre, j'ai été à la messe à la chapelle pour voir les enfants, car sans cela j'irais à la messe dans une autre église ; après je suis revenue à la maternité. Je m'attendais à avoir une lettre. J'ai été en ville durant le dîner et après j'ai été au baptême, après j'ai été en ville avec une élève qui était de service, mais il commençait déjà à pleuvoir et la sortie n'a pas été gaie. Les enfants ont eu une récompense : Alice, une boîte à couture, ciseaux, aiguilles ; Pierre, des couleurs pour dessin ; Armand, un nid et un oiseau, mais il m'a dit que son nid est cassé. On me dit qu'ils sont bien tranquilles, on ne se plaint plus qu'Armand est dissipé. Ils ne peuvent pas avoir de vacances, puisqu'ils sont en traitement. Pour nos vacances, elles ne sont pas fixées, elles commenceront peut-être 8 ou 10 jours avant Pâques, pour savoir au

juste on ne le sait pas à l'avance. On verra ce qu'il
en sera pour toi, et ce que nous aurons de temps ;
en tout cas, si elles ne coïncident pas, j'aurai bien
quelques jours pour être avec toi. Je voudrais bien
que ce serait bientôt. En attendant, mon cher
époux, je t'embrasse de tout mon cœur.

   Ton épouse,

               Alice Gougeon.

Avant les examens qui vont couronner sa
première année d'études, le curé Rivron envoie, fin
mai 1917, une lettre de soutien à Alice :

Vous avez été bien inspirée de m'envoyer cette
carte du champ des Martyrs où si souvent dans ma
jeunesse j'ai prié les martyrs. C'est un pèlerinage si
aimé dans la contrée et si réconfortant dans les
temps troublés que nous traversons. Cette visite a
dû vous faire grand bien. Le meilleur pour votre
âme s'est opéré à Sainte-Thérèse. Puissiez-vous
avoir la bonne chance de la renouveler le plus
souvent possible ! L'examen approche, temps de
combats, d'inquiétudes. Mettez la Sainte Vierge
avec vos études et elle vous aidera. Vous aurez la
meilleure volonté. Il est malheureux que vous ne
jouissiez que des bienfaits de la solitude si favo-
rable à la réflexion. Si encore une de vos compagnes
voulait travailler avec vous, la besogne serait bien

simplifiée. Allons, les petits enfants atteints de rougeole vont encore bien vous tourmenter. Pauvres chers petits ! Ils sont souvent atteints d'un mal ou d'un autre. Quelle vie de tourments ! Heureusement que le cher Pierre va revenir. Comme vous serez aidée de ses bons conseils. Je vais prier à vos intentions. Courage et confiance.

Votre bien dévoué confident...

Durant l'été 1917, les enfants d'Alice revinrent à Pouancé, Pierre ayant quitté l'armée d'active et été réquisitionné auprès du maire de La Prévière, petit village situé tout à côté de Pouancé. À la rentrée scolaire, les enfants retournèrent dans les écoles religieuses du chef-lieu de canton, tandis que leur mère reprenait ses cours à la maternité d'Angers. Deux lettres conservées par l'élève sage-femme ont vraiment piqué ma curiosité, parce qu'elles suggèrent un nouveau mystère.

Une certaine dame Buty (qui a accouché à la maternité d'Angers d'une petite Florentine, née d'un père qui n'était pas son mari) remercie Alice Gougeon pour les conseils qu'elle a prodigués à une « malheureuse coupable ». Dans la première missive, elle embrasse son « petit René ». Qui est donc ce petit René ? Aucun des enfants ou parents proches d'Alice ne porte ce prénom.

Dans son deuxième courrier, Mme Buty dit son plaisir de savoir qu'Alice Gougeon est avec son mari et leurs enfants qui se portent bien ; et de nouveau il y a cette phrase : « René doit devenir un petit homme, maintenant. »

À la lecture de ces lettres, j'ai eu le sentiment que René était un tout jeune enfant de la sage-femme. Dois-je rapprocher ce *petit René* du brutal départ de Juigné-des-Moutiers, autour de la Toussaint 1915, provoqué par René Letort, et de la *question que tu sais* qui la tourmentait si fort à la mi-décembre 1915 ? Personne dans la famille n'a eu de près ou de loin connaissance de l'existence de ce *petit René*. Qu'en savait le curé Rivron ? Celui-ci continuait en tout cas à jouer à la fois les directeurs de conscience et les pygmalions d'Alice Gougeon. À la mi-décembre 1917, il lui répond :

> *Vous êtes donc encore de ce monde ? J'avais rêvé que vous nous aviez quittés pour le Paradis.*
>
> *Je vous savais heureuse et j'en étais content. Mais je me suis trompé. Vous êtes dans le Purgatoire, un petit Purgatoire où l'on souffre un peu mais d'où l'on a l'espérance de sortir. Vive l'Espérance ! Que cette vertu nous est nécessaire !... Qu'elle adoucit les maux ! Prenez-la pour compagne. Vous ferez bonne route dans le chemin du devoir. Elle vous dira ce qu'elle dit aux poilus*

du front : « Ne t'en fais pas. » Ma grande
enfant ! ! prenez les choses comme elles viennent.
Employez chaque moment de votre journée.
Comme s'il n'y avait point d'autres cas de préoc-
cupation. Pas de tourments. Faire bien chaque
chose, et puis la journée s'écoule, toute méritoire
pour le bon Dieu...

Quelle bonne nouvelle ! Vos enfants sont restés
aux écoles de Pouancé. Me voilà bien débarrassé
de mes inquiétudes. Car je me disais souvent :
« La mère est à sa vocation, mais les enfants sont
élevés sans Dieu. » Et alors je me disais : « N'es-
tu point responsable ? » Mais maintenant, vive
la joie chrétienne ! Comme vous êtes fidèle, j'irai
vous voir. Oui ! Les vacances sont passées ; et
puis je vous pardonne. Vous étiez à soigner vos
chers petits ! Il faut que je voie votre Pierre, un
jour ou l'autre. On parlera de vous.

Bon Noël ! ! Allez chercher Jésus.

Votre bien dévoué...

Fin 1917, Alice fait un stage de sage-femme à
Combrée et elle reçoit une offre de travail de la
Compagnie des Ardoisières, à Renazé. Elle prend
immédiatement conseil auprès de son protecteur,
lequel lui recommande avec prudence d'accepter
l'offre des Ardoisières, mais assortit ce conseil

d'un : « Consultez, réfléchissez, et faites une neuvaine à la Sainte Vierge, à saint Joseph, au Sacré-Cœur, et alors en avant ! »

Après, après seulement, il lui suggère d'en parler à son mari :

> *Le bon Pierre peut vous aider dans cette grave question, avec son bon sens et sa bonne volonté très connus. Je vais prier avec vous à toutes ces intentions, car je voudrais vous voir occupée. Le travail fait passer les ennuis et donne grand courage. Secouez-moi toutes les idées moroses et jetez-les-moi au panier. Pas de tristesses consenties, ce qui veut dire qu'elles pourront venir mais qu'il faut les chasser vite et les remplacer par l'abandon à la volonté de Dieu et la confiance en sa bonne Providence. « Aide-toi et le Ciel t'aidera », le proverbe est vrai. Qu'il devienne votre devise !*

Une dernière lettre du curé Rivron, datée de janvier 1918, permet de mieux comprendre les raisons qui l'ont conduit à pousser autant la petite Alice. Celle-ci a averti le curé de ne pas rebaptiser un enfant de Saint-Michel qui avait déjà été baptisé à la maternité d'Angers :

> *... Merci bien, grande enfant. Vous commencez bien votre ministère, car plus d'une fois,*

pendant votre vie de sage-femme, vous aurez l'occasion de faire connaître les devoirs et les règles de l'Église sur le baptême. Voilà pourquoi j'ai été heureux de vous lancer dans cette vocation, et quand j'en aurai l'occasion, je ferai de même, persuadé que nous n'aurons jamais trop de sages-femmes chrétiennes. Mais quelle vie vous menez ! Deux seulement pour vaquer à toutes les occupations accablantes des élèves de la maternité ! Dieu vous a donné une santé robuste, car vous ne vous plaignez pas. Encore un coup de collier, et dans six mois vous serez rendue à votre chère petite famille qui vous attend avec impatience. Votre Pierre et vos petits enfants seront si heureux. Ne négligez pas trop votre âme, grande enfant. La prière toujours, une bonne lecture dans un livre de religion. Une communion de temps en temps, à l'échappée... Vous perdriez vos habitudes chrétiennes, ce serait un malheur. Je prie pour vous.

Ma grand-mère obtint son diplôme de sage-femme le 26 juillet 1918 et s'installa à Combrée dans le courant de l'été. Quelques semaines plus tard, elle récupéra mari et enfants qu'elle mena d'une main de fer, aidée en cela par la férule de l'Église, afin de les éloigner des tentations du

Diable, plus particulièrement du *péché de chair*. La famille Terrien-Palierne-Gougeon entretint en effet un très lourd et mystérieux rapport avec le sexe, perçu comme une malédiction, une invention du Diable, si présent dans la symbolique religieuse de l'époque, assorti de cette crainte omniprésente de tout ce qui tourne autour des naissances, légitimes ou non, du viol et de l'inceste.

Je dresse la liste des événements de ce genre qui se sont succédé chez mes proches ancêtres du côté de ma mère : d'abord la naissance d'Alice Terrien, la filleule d'Alice Mannoury de Croisilles (peut-être aussi la fille d'un Ginoux-Defermon ?). Puis celle d'Alexis. Le viol ou la tentative de viol d'Alice Gougeon (on ne saura jamais). Le mystérieux *petit René*. Et, pour conséquence, tel un rempart contre la répétition de tels faits : l'éducation terriblement sévère infligée à ses enfants. Le choix, aussi, par Alice Gougeon, du métier de sage-femme. Jusqu'au fils aîné d'Alice Gougeon qui, lui aussi hanté par le *péché de chair*, obéissant à l'injonction secrète de la sage-femme, entrera au grand séminaire d'Angers. Il y portera la soutane, mais pour l'abandonner avant son ordination, au grand dam de sa mère. Sa mère pour qui l'ordination de ce fils constituait une insigne protection contre le péché et un immense soulagement qui aurait donné, pouvait-elle espérer, un coup d'arrêt à cet enchaînement maléfique.

Je revois, sur le quai de la gare, ma grand-mère nous accueillir, ma mère et moi. Je découvre son regard dur, j'entends les mots secs qu'elle lâche à ma mère. Je me demande si, à ses yeux, je ne suis pas, moi aussi, du simple fait d'être né, une autre incarnation du péché.

VIII

Deux photos

Les photos m'ont décidément bien servi. J'ai là devant moi deux clichés d'Édouard qui permettent de mettre de la chair sur les mots de Marie et jusque sur les souvenirs de mon père.

L'une est encadrée de bois. Je sais qu'elle a d'abord été vénérée par ma grand-mère paternelle (celle qui avait peur du loup), puis par une sœur d'Édouard. Ensuite elle a atterri je ne sais comment dans un carton chez mes parents.

L'autre était rangée dans le même carton. Je ne sais si elle a suivi le même chemin, si elle a été posée sur les mêmes buffets, si elle a aussi été témoin du passage des années dans la région de Saint-Michel-et-Chanveaux.

Peu après le début de mon enquête, je les ai posées bien en vue sur mon bureau. Édouard m'est devenu ainsi familier. Les deux clichés qui le montrent en militaire ont été prises à Tours, c'est-à-dire, si je me réfère à la chronologie de ses déplacements et convocations militaires, en janvier ou février 1916. Édouard y faisait son instruction à la caserne Baraguet d'Illiers qui abritait le « Six-Six », comme on disait alors pour désigner le 66e RI. À côté de la caserne, sur le même boulevard Thiers, aux 10 et 16, il y avait deux photographes spécialisés dans les photos de soldats.

Sur la première photo faite chez Boidron, Édouard pose dans un splendide uniforme, avec ses épaulettes, ses gants de cuir et son épée. La pose est paisible, un peu raide, mais rien en lui ne révèle l'attitude embarrassée d'un domestique qui aurait emprunté, en son absence, le grand uniforme d'officier de son maître. Il est totalement investi par son rôle, avec juste un regard à la fois étonné et intimidé, quelque peu figé ; son visage est rond, doux et serein, avec une pointe de malice dans les yeux, comme si cette mise en scène qui va l'immortaliser était un pied de nez à la hiérarchie, un bon tour à la postérité, car il est évident qu'Édouard n'a jamais porté un uniforme pareil ailleurs que chez le photographe.

Souvent, des questions me sont venues : que ressentait-il à ce moment ? Je n'ai jamais imaginé qu'il fût hanté par la mort qu'il allait connaître. Je me suis mis à croire qu'il était accaparé par le quotidien, la vie entre camarades, de simples préoccupations.

À tout hasard, j'ai essayé de voir si le studio Boidron existait toujours et s'il avait gardé des archives. Au 10, boulevard Thiers, il y a effectivement toujours un photographe, le Studio Pierre, dont la responsable n'a jamais entendu parler de Boidron, mais qui m'oriente vers son vieux prédécesseur, un certain Pierre Gauthier, lequel me confirme avoir bien succédé au dit Boidron.

– Une bombe pendant la Seconde Guerre mondiale a anéanti tous les clichés, me dit-il.

Mais le vieux photographe se souvient bien des accessoires que Boidron utilisait pour faire ses clichés :

– J'ai vu dans le grenier cette veste avec des épaulettes, qui n'avait pas de dos… Elle était toute mitée… Les soldats étaient tout heureux de passer de beaux uniformes.

La deuxième photo a été prise chez Charrouin Photo, au 16 du boulevard Thiers. Il s'agit en réalité d'une carte postale, ou plutôt d'une *postcard*, comme il est écrit au dos. Pourquoi, à Tours, en 1916, la langue de Shakespeare s'impose-t-elle au français et qu'à la place destinée au timbre on lit *stamp here* ? Au bas de la photo, un chiffre : 39732, qui indique probablement un numéro d'archivage.

La photo représente cinq jeunes garçons dont on devine la familiarité. Ces cinq-là se connaissent sûrement depuis un moment, peut-être d'avant même leur arrivée à Tours.

Édouard et ses compagnons posent dans leur propre uniforme. Quatre d'entre eux sont coiffés d'un petit képi de couleur claire, et le nombre 66, sur les pattes de col, indique qu'ils sont incorporés tous quatre au « Six-Six », alors que le cinquième porte un képi de couleur sombre et n'arbore pas de chiffres.

Comme pour conjurer le danger, on sent leur désir d'être soudés, de faire corps. Leurs mains parlent encore plus que leurs visages. Elles sont posées sur l'épaule ou le genou d'un compagnon. Parce qu'ils savent déjà où ils vont, ils reconstituent pour un instant la chaleur et la fraternité du village qu'ils ont laissé derrière eux avec une infinie tristesse. Ils sont beaux et graves.

Le studio Charrouin n'existe plus. J'ai montré cette photo à Marie, mon amie centenaire, qui a tout de suite reconnu trois petits gars de Saint-Michel. Édouard, évidemment, mais aussi Auguste Bellanger et Eugène Gohier.

IX

Morts au Chemin des Dames

– C'était un jeudi, le 6 août, sixième jour de la guerre, il n'y avait pas école, j'étais au pied de l'échelle qui montait au grenier. Mon père était triste. Ma mère, mes deux frères, ma sœur et moi, nous pleurions... Mon père nous a embrassés et il est monté dans la carriole conduite par un voisin, le père Gavaland, pour l'emmener prendre le train à Pouancé.

Marie, née Foin, se souvient de la scène comme si c'était hier. Elle avait alors neuf ans et demi. La sobriété de l'expression n'empêche pas l'émotion d'affleurer chez elle à la simple évocation de cette déchirure. Son sourire revient quand elle évoque un père qui « marchait toujours pieds nus et courait aussi vite qu'un lapin... Un jour, il a même réussi à en attraper un... ».

Louis Legras, petit-fils du père Foin, ajoute quelques détails, qu'il tient de sa mère, sur l'esprit qui régnait chez les mobilisés de la Nymphaie :

– La mobilisation a été accueillie avec ferveur… Ils allaient prendre leur revanche sur les Boches… Ils partaient la fleur au fusil, mais ils ont rapidement déchanté…

Le départ au front d'une dizaine d'hommes dans la force de l'âge a bouleversé la vie du hameau d'une soixantaine d'habitants répartis entre cinq fermes et quelques maisons où logeaient trois bûcherons, un jardinier et un coiffeur. Les vieux – comme le grand-père de Marie – ont été obligés de reprendre du service, et l'entraide est devenue la règle. Les femmes ont pris en main les attelages de chevaux, se sont mises à labourer, herser, semer, tout en assurant le soin des bêtes, la traite des vaches, le renouvellement de la litière, la mise en tas du fumier, son transport dans les champs pour y être épandu et enfoui – tout cela avec l'ardeur de bras qui n'étaient pas faits ni préparés à cela. Venait le temps de la récolte, d'abord du foin : coupé, fané, charroyé, mis en barge ; puis du blé : coupé, mis en gerbes, charroyé, mis en barge sur l'aire pour y être battu, la paille mise en pailler, le grain vanné par le tarare et mis en sacs pour être stocké dans les greniers.

Les saisons succédaient aux saisons. C'étaient les betteraves, les choux, les pommes de terre qu'il fallait planter ou semer, bluter, récolter. Le bois des haies à abattre, fagoter, scier. Et tout ce dur labeur avec constamment la peur au ventre pour les absents. La tristesse s'était abattue sur la petite communauté de Saint-Michel. Plus de fêtes, plus de veillées à la Nymphaie. Les familles vivaient dans l'attente des nouvelles de leurs poilus. Informations qui leur arrivaient par bribes, colportées par les permissionnaires et par les lettres de ceux qui savaient écrire.

Marie se rappelle les permissions de son père, notamment celle d'avril 1917, lorsque Henri Foin est revenu enterrer sa mère.

Elle gardait les vaches avec son jeune frère dans un pré quand elle a aperçu deux hommes – son père et son oncle de Sablé – escalader l'échalier :

– Fous de joie, nous avons couru vers eux. Mon père m'a dit : « Ramassez vos vaches, on s'en va ensemble jusqu'à la ferme… » Nous avons ramassé nos vaches et pris le chemin de la ferme. Papa était heureux de nous revoir, mais ne disait pas grand-chose…

Il avait fallu une mort, celle de sa mère, pour le sortir provisoirement de l'enfer dont il gardait en lui toutes les images. Sa joie ne pouvait être totale, rapidement assombrie qu'elle était par la perspective de regagner le front… À la fin de chacune de ses permissions, même si son enthousiasme s'en était allé, « à l'heure dite, rien ni personne ne l'aurait empêché de repartir », raconte Louis Legras.

Marie se souvient aussi de la sobriété des lettres et cartes de son père. Les gars de Saint-Michel souffraient plus de l'éloignement que de la vie dans les tranchées. Quant à la mort, elle faisait déjà partie de leur existence avant même d'aller à la guerre. Ils avaient tous une famille, une amoureuse, des enfants, ou, pour les plus jeunes, tant de rêves à accomplir ! La distance et la dureté de cette terrible guerre donnaient au village les couleurs d'un éden à retrouver. Et, du tréfonds des boyaux bourbeux qui étaient censés leur tenir lieu d'abris, leurs yeux cernés se fermaient pour mieux se repaître des souvenirs heureux, entendre le cri des enfants, les chants des oiseaux, le murmure de la Nymphe, la cloche de l'église appelant à la prière, l'accordéon et les chants des veillées...

Ceux qui les attendaient souffraient, mais différemment, tremblant pour leurs fils, frères et maris. Marie se souvient du désespoir des amoureux qui se séparaient, de la peur des filles de ne jamais revoir leurs soldats : « Auguste Andorin, de la Hachetaie, fréquentait Anna Aillerie, de la Nymphaie [celle qui écrivait de si belles maximes sur son cahier]. J'ai vu sortir Auguste, tout triste, de la maison d'Anna après lui avoir dit au revoir... Auguste Gautier, de la Nymphaie, fréquentait

Marie Colas, de Beauregard ; les deux ont été vus à genoux au pied d'un calvaire, sur la route de Juigné... »

Marie a quelque pudeur à raconter ses moments de bonheur familial durant cette guerre, tant elle garde en mémoire les drames vécus par ses voisins de la Nymphaie. Sur les dix soldats du hameau, six ne sont pas revenus. Elle égrène les noms des morts pour la France, inscrits sur le monument de Saint-Michel-et-Chanveaux. Et, tout naturellement, elle relate la tragique histoire de ses voisins Gohier qui, en trois semaines, perdirent deux de leurs fils au Chemin des Dames :

– Henri et Eugène Gohier étaient venus en permission au début du printemps 1917. Ils ont fait le tour des maisons de la Nymphaie pour saluer tout le monde, et quelques jours plus tard ils ont refait le même tour. J'étais dans la cour, ils ont commencé par les Gautier, puis les Gavaland, les Aillerie, nous, les Foin, puis ils sont repassés devant leur maison avant de monter dans la voiture à cheval conduite par leur père, Eugène Gohier, pour aller prendre le train à Pouancé. Ils marchaient tête baissée, très tristes... Ma sœur Jeanne, qui était occupée dans un champ, les a vus s'éloigner dans la carriole : les deux frères regardaient tristement leur village comme s'ils savaient qu'ils le voyaient pour la dernière fois... Henri est mort peu de temps après, et son frère Eugène trois semaines plus tard... Après la mort d'Eugène, la mère Gohier était tout le temps au pied du calvaire situé à quelques mètres de leur ferme, elle n'arrêtait pas de prier et de pleurer. On a tous cru qu'elle allait *folleyer*...

J'ai retrouvé, au fil de mon enquête, des détails sur les frères Gohier. Henri est mort le 21 avril 1917 au Chemin des Dames, dans la tranchée de Courtecon, au lendemain du lancement de la grande offensive décidée par le général Nivelle. Son frère Eugène a été tué le 14 mai 1917, également au Chemin des Dames. Quelques lettres retrouvées à Saint-Michel confirment le témoignage de Marie.

La famille Gohier a d'abord été prévenue qu'Henri, 2e classe au 9e zouaves, avait été blessé, puis elle a reçu une lettre d'Alphonse Gohier (sans lien de parenté avec Henri), un petit gars de la ferme voisine de Vaurobert, qui leur a annoncé sa mort. Alphonse se trouvait à vingt mètres d'Henri, dans la tranchée, quand celui-ci a été touché à la tête. Il a été vers lui : « Henri ne m'a rien dit ; il est mort quelques instants après, peut-être au bout d'une demi-minute ; le brancardier était auprès de lui ; ils l'ont dépouillé de ce qu'il avait dans ses poches pour que cela soit envoyé, puis il a été enterré tout seul au cimetière militaire. »

Au fur et à mesure des nouvelles reçues sur les conditions de la blessure d'Henri puis de sa mort, la famille Gohier les transmet à son deuxième fils, Eugène, qui est dans une tranchée à quelques centaines de mètres de l'endroit où a péri son frère. Le 4 mai, soit exactement deux semaines après la mort d'Henri, le père lui envoie la missive suivante :

Cher Eugène,

On te disait, sur les lettres précédentes, que ton pauvre frère Henri était blessé. Aujourd'hui nous t'apprenons sa mort. C'est dur pour nous comme pour toi, d'apprendre cette nouvelle.

Mais prends courage de toutes tes forces et ne pense tout le moins possible au danger que nous savons que tu risques toi aussi.

Il a été frappé à la tête, il n'a duré que quelques instants. Nous prierons tous ensemble pour lui et pour toi, pour que Dieu te protège et te conduise un jour avec nous.

Ton père qui ne vous oubliera jamais. Courage et bonne santé à toi, mon cher fils, à bientôt si tu peux.

Ton père t'aime et pense à toi dans notre douleur.

La mère d'Eugène signe à son tour une lettre qu'elle envoie sous la même enveloppe et qui est écrite par le curé Rivron :

Cher Eugène,

Après avoir vu la douleur de ton père, ta mère t'envoie ces quelques lignes, le cœur brisé par cette si triste nouvelle ; malgré, comme je te le disais, qu'on s'y attendait, il n'est que le triste moment de l'apprendre. Alphonse a récrit chez lui et M. le Curé a apporté sa lettre chez nous. Tel que ton père te le marque, il est mort le 19 avril vers 4 heures de l'après-midi.

Que le bon Dieu le rende heureux au Ciel, qu'Il prie pour ses parents tant affligés et pour toi qui es tant exposé.

Prends courage et console-toi par la pensée de nous revoir bientôt. Hier, presque aussitôt après avoir appris cette cruelle nouvelle, nous avons eu la visite de ton oncle Émile, de ton oncle de Vergonnes et de ton oncle et ta tante de Combrée ; nous avons passé un bien triste moment ensemble.

Comme nous pensons que tu pourras peut-être avoir une permission pour le service à notre cher Henri, nous te demandons ton avis, mais je crois que ton oncle nous a dit hier qu'on ne pourrait pas le faire dire guère avant la Pentecôte, ou peut-être qu'après, ou bien ce serait la semaine prochaine, eh bien, c'est impossible.

Marie Gohier, la jeune sœur d'Eugène, lui écrit le 10 mai :

> *C'est moi qui t'écris aujourd'hui. Maman a dû t'écrire en réponse à ta dernière que nous avons reçue avant-hier ; elle t'a écrit hier aussi ; nous n'en avons pas reçu ni hier ni aujourd'hui, peut-être les aurons-nous demain… Penser que l'on ne le verra plus est triste, cependant il faut espérer que l'on se retrouvera au Paradis où le Bon Dieu aura bien voulu le mettre, ou du moins dans le chemin qui y mène.*
>
> *Je ne veux pas te dire cela pour te faire de la peine, c'est tout simplement ce que je pense et alors, comme la vie n'est pas longue, toi encore mieux que nous tu en as la preuve, tous les jours tous ensemble nous venons d'en avoir une grande.*
>
> *Alors il faut espérer que bientôt nous serons éternellement heureux en se retrouvant avec lui bientôt.*
>
> *Il n'y a plus guère de bonheur sur la terre, et l'on dit qu'il n'y en a de parfait qu'au Ciel. Si seulement nous y étions tous, mais il faut souffrir patiemment et c'est dur de souffrir aussi, mais enfin le Bon Dieu nous viendra en aide. Pour moi, je vais m'appliquer à Lui demander cette grâce-là, bien que je ne sois pas la plus malade de la mort de notre pauvre Henri. Ah, quand même,*

il ne faudrait pas y penser – enfin, il faut essayer de se consoler les uns et les autres en attendant de retrouver aux cieux Henri, puisqu'il est mort. Nous pouvons souhaiter que le Bon Dieu ait pitié de tes souffrances et de celles de ses camarades pour pouvoir t'avoir encore avec nous sur la terre et finir ensemble le voyage qui nous mène vers Lui. Prions sans cesse. Tout ce que je te dis, tu l'as sans doute pensé. Pour le moment, ne perdons pas courage. Hier, nous avons été à la messe que nous avions fait dire pour Henri en attendant le service, lequel nous ne pouvons décider avant d'avoir reçu d'autres de tes nouvelles. Nous te récrirons demain et tous les jours.

Ta sœur qui t'aime et t'embrasse pour tous,

Marie.

Eugène n'aura reçu aucune de ces lettres. Arrivées après sa mort, elles seront retournées à sa famille, ce qui me permettra de les lire quatre-vingt-huit ans plus tard.

Devant l'inéluctable, la douleur omniprésente, la menace permanente de la mort, tous se tournaient vers un Dieu qu'en des temps meilleurs ils avaient peut-être un peu négligé. Ils L'imploraient en regardant le ciel ou l'image du Christ souffrant sur la croix des calvaires, comme s'Il avait détenu la réponse. Mais cet attachement qui aurait dû les rassurer n'empêchait pas les prêtres de s'inquiéter de la diffusion des « mauvaises idées » parmi leurs ouailles envoyées à la guerre, comme en témoigne la lettre, datée du 18 mars 1917, d'Emmanuel Gohier, prêtre, infirmier militaire à Sainte-Menehould depuis trois ans, et envoyée à Eugène Gohier :

> *En attendant* [la fin de la guerre], *mettez bien votre confiance en Dieu, priez beaucoup pour qu'Il vous conserve vos enfants et qu'Il les garde bons chrétiens, malgré les mauvais exemples, les mauvaises paroles, les mauvaises théories qu'ils pourront entendre. Ils ont encore probablement de rudes assauts à affronter...*

Alors que la famille d'Henri Gohier lisait et relisait les lettres qui leur énonçaient les conditions de sa mort, la mère du chef de section d'Henri recevait une lettre de son fils, Xavier de Fraguier, lieutenant du 9e zouaves, dans laquelle il racontait les circonstances dans lesquelles il avait perdu la moitié de ses hommes. La chance m'a fait retrouver cette lettre :

> *Ma chère maman,*
> *Nous en sommes revenus et si nous avons eu des pertes, au moins nous avons obtenu de beaux résultats.*

Malheureusement, j'ai pour ma part laissé sur le terrain la moitié de ma section qui d'ailleurs s'est distinguée en résistant brillamment à une contre-attaque violente et assez inquiétante pour nous, vu la situation dans laquelle nous étions. Nous occupions un élément avancé en face de Courticon, au nord du Chemin des Dames. Autour de nous, des restes de tranchées et de boyaux retournés par les bombardements des jours précédents. Tout ce chaos formait une sorte de labyrinthe dans lequel les Boches avaient pas mal de mitrailleuses et de points solidement défendus. La veille, j'avais réussi à progresser à la grenade dans un de ces boyaux, mais je m'étais heurté à une tranchée solidement occupée de laquelle je ne serais jamais sorti sans le secours d'une de nos mitrailleuses qui, de derrière, a fauché la vague ennemie lancée pour nous encercler. Ayant réussi à nous dégager, nous avions fortifié tant bien que mal le coin dans lequel nous nous trouvions, quand, le lendemain au petit jour, tombe tout autour de nous une pluie de grenades. C'était une équipe de grenadiers du 1er régiment de la garde qui venait nous attaquer par le boyau dans lequel, la veille, j'avais progressé. Pendant quelques minutes, lutte à la grenade : pertes sérieuses des deux côtés, quand, tout à coup, les grenades venant à nous manquer,

1424 – Les charbonniers dans la forêt
Un fourneau préparé

Automne, hiver et printemps, Adolphe et Joséphine Péan, mes grands-parents paternels vivaient dans la forêt de Chanveaux, coupaient des arbres et faisaient du charbon de bois. L'été, Adolphe faisait des « métives », c'est-à-dire qu'il devenait journalier dans les fermes des environs de Chanveaux. Il lâchait de temps en temps sa hache et sa scie pour l'archet de son violon…

2166. - SAINT-MICHEL-ET-CHANVEAUX. - L'Eglise et le Cimetière

À une bonne demi-heure
à pied de la forêt
de Chanveaux, le bourg
de Saint-Michel, où Édouard,
le premier des Péan,
a appris à lire,
où les bûcherons venaient
se distraire et boire un coup
après la messe du dimanche...

41 St-MICHEL-ET-CHANVEAUX (Maine-et-Loire)

section G. Drouard, à Pouancé - Jumelle Bellieni

Cliché Drouard à Pouancé
3503. - St-MICHEL-et-CHANVEAUX (M.-et-L.). — Route de Noëllet.

La vie sociale de Saint-Michel-et-Chanveaux était articulée autour du curé, (ici le curé Rivron) et les fêtes religieuses regroupaient régulièrement des villageois animés encore de la foi du charbonnier. Marie Foin, et mes tantes Péan défilent au milieu des petites filles…

Alice Palierne,
ma grand-mère maternelle
est arrivée comme
domestique de ferme
à Saint-Michel-et-Chanveaux
et a été vite repérée par
le curé Rivron comme
une bonne paroissienne.
Le curé a facilité
sa rencontre avec
Pierre Gougeon, une autre
de ses bonnes ouailles.
Alice et Pierre se sont mariés
aux Boudouillères,
le 22 juin 1907,
et ont dansé
au son du violon d'Adolphe
Péan…

Édouard Péan (en haut) était tout fier dans son uniforme d'opérette, juste après sa mobilisation, en 1916. Il était encore heureux de se retrouver avec les gars de Saint-Michel, avant d'aller à Verdun, puis au Chemin des Dames... Eugène (en bas) a toujours voulu être à la hauteur de son frère... Fier, comme lui, dans son uniforme et rieur derrière sa mitrailleuse.

La Blisière-Plage - Son Lac - Sa Forêt
POUANCÉ (M.-et-L.) - 7 kilm.

Eugène Péan, mon père, revenait
de temps en temps à Saint-Michel,
son village natal et c'est à quelques
kilomètres de là, autour de l'étang
de la Blisière qu'il a dansé pour
la première fois avec Alice, ma mère...
Tout est allé ensuite très vite, ils se sont
mariés et ont placé leur union sous
la protection de la branche verte...

53. - POUANCÉ (M.-et-L.). - La Branche Verte du Bois d'Alligre

...avant de s'installer, en 1937, dans le faubourg Saint-Nicolas, à Sablé-sur-Sarthe. Eugène Péan, était très fier d'avoir «son» salon de coiffure avec son nom sur la porte. C'est là que je suis né et que j'ai passé mon enfance et mon adolescence.

Le vélo et la pêche étaient les deux passions de mon père. Il est mort, face à la mer, une gaule à la main, au côté de ma mère, à La Turballe, en 1987.

Alexis Joly, de Senonnes (Mayenne), ici dans la ferme où Eugène était domestique, m'a fait revivre mon père, comme Marie Aillerie – à 101 ans sur la photo – m'a permis de donner du souffle à un Édouard figé dans deux photos.

L'auteur remercie Clothilde Perrin et Josseline Rivière pour la mise en forme de ce cahier d'illustrations. Photos collection de l'auteur.

les Boches arrivent à s'infiltrer dans notre ligne. C'était grave. Alors j'ai eu la bonne inspiration de faire reculer rapidement les débris de ma section, de les regrouper à l'abri, de faire mettre baïonnette au canon et de m'élancer avec eux en avant. Le geste a suffi, car les Boches se sont immédiatement retirés en désordre, laissant leurs morts, leurs fusils, leurs grenades.

Après la relève, j'ai été vivement félicité, avec les débris de ma section, par le colonel.

Voilà bien des histoires de voleurs : j'arrête et vous embrasse…

Seule Marie peut encore aujourd'hui témoigner de la douleur et des larmes des familles de la Nymphaie, faire revivre ces hommes, ces silhouettes, ces ombres. Après elle, ils ne seront même plus des souvenirs, seulement des noms gravés sur le monument aux morts de Saint-Michel, ainsi que sur une plaque spéciale, pour Eugène et Henri Gohier, accrochée dans le petit enclos situé dans le cimetière au pied du monument.

X

Fin d'Édouard

L'image est floue, le gris sale y domine et la date est imprécise ; je sais néanmoins que mon tout premier souvenir avait pour cadre un bout du pont de Sablé. J'ai un peu moins de deux ans et mon père, habillé en militaire, nous embrasse, ma mère et moi. Puis il s'éloigne et marche seul vers la gare. Il va prendre son train pour rejoindre la frontière luxembourgeoise où son régiment est cantonné. Cet épisode se déroule fin 1939, début 1940.

Je suis né avec les bruits des bottes allemandes en Tchécoslovaquie. Le départ à la guerre de mon père, la peur des bombardements, des uniformes vert-de-gris, la mort de mes grands-parents maternels, la libération de Sablé, le bruit de la balle qui a tué un collaborateur dénommé *Papillon*, les cheveux rasés et les croix gammées sur la tête d'Angèle, l'odeur de chewing-gum de l'armée américaine, le général de Gaulle au balcon de l'Hôtel de Ville, le retour d'Allemagne de mon père et bien d'autres images encore ont saturé chez moi la mémoire du dossier « Guerre ». Longtemps mon cerveau n'a pu accueillir les images et les souvenirs des poilus. Les souffrances récentes effacent ou du moins atténuent celles d'avant-hier, fussent-elles moins terribles. Le million et demi de morts et l'enfer vécu par les soldats dans les tranchées n'avaient guère ébranlé mon cœur d'enfant, puis d'adolescent.

Le vieux père Canette, le balayeur qui ramassait les *billes* (les canettes) dans les caniveaux pour me les donner, était un des symboles encore vivants de cette vieille guerre de 14-18. Il était décati et gentil, mais j'ignorais tout de ses combats à lui. Me reviennent en mémoire d'autres vieillards (mais l'étaient-ils vraiment ?) endimanchés, toutes médailles et breloques dehors, roulant consciencieusement leurs drapeaux après une commémoration. D'autres encore, infirmes ceux-ci, qui, assis dans une voiturette à trois roues, tiraient sur une sorte de volant pour la faire avancer. Souvenir aussi de vétérans mal embouchés, insensibles à une jeunesse qui le leur rendait bien. Deux mondes si éloignés qui avaient bien peu de chances de se rencontrer. Image surréaliste d'obus bien astiqués dans lesquels certains de ces anciens mettaient des fleurs. Ai-je appris cette période de l'Histoire à l'école, au collège, à la maison ? Mes connaissances se limitaient alors aux noms des grandes hécatombes de Verdun et du Chemin des Dames. Et ce n'est que beaucoup plus tard, avec la lecture des *Sentiers de la gloire*, de Humphrey Cobb, que je devins perméable à cette époque terrible. C'est enfin bien des années plus tard encore que je décidai de mener l'enquête sur le 2e classe Édouard et ses camarades de Saint-Michel-et-Chanveaux...

À la fin 1915, l'hécatombe avait déjà été si ravageuse que le haut commandement réclamait de la chair fraîche. Le ministre de la Guerre proposa d'appeler la classe 17 dès le début de 1916, « par précaution ». Le 9 janvier, Édouard se retrouva à commencer son instruction au « Six-Six », à Tours. Comme tous les *Bleuets*, il avait dix-huit ans. Il apprit les rudiments de la marche au pas, du maniement du fusil et de la baïonnette. Notamment la « charge finale », laquelle devait s'accomplir « la main gauche à hauteur du téton gauche ». L'instruction militaire était moins rude que ses tâches de domestique à la Chesnaie. L'amour de la Patrie et du drapeau, enseigné quotidiennement, était certes tempéré par les confidences des instructeurs sur les souffrances endurées au front par les poilus. Mais Édouard bénéficiait de beaucoup de

167

libertés. Il restait avec les copains (il avait peu d'argent) et ajouta de nouvelles chansons à son répertoire, comme *Flotte petit drapeau / Flotte, flotte bien haut / Tu réunis dans ta simplicité / La famille et le sol / La liberté !*... Seule ombre au tableau : Saint-Michel était bien loin.

Pendant cette période, Édouard fut provisoirement protégé par le ministre de la Guerre qui ne souhaitait pas que les *Bleuets* affrontassent trop vite « les rigueurs de la vie sur le front pendant la saison froide », faute de présenter encore « toute la résistance physique nécessaire ». Mais cent cinquante mille hommes étaient tombés à Verdun et la bataille de la Somme, qui se préparait, réclamait son lot. Le grand quartier général ayant un besoin urgent d'hommes, les premiers *Bleuets* montèrent au front dans le courant d'octobre 1916.

Édouard avait à peine dix-neuf ans. Il rejoignit dans la tourmente la 6ᵉ armée qui, de conserve avec l'armée anglaise, devait, à partir du 12 octobre, mener ce qui allait devenir la bataille de la Somme.

J'ai consulté les archives du 66ᵉ régiment. J'ai été fasciné par la régularité, la précision et l'aspect formel des comptes rendus. Sur des feuilles de papier jauni, une belle écriture, quasiment toujours la même, consigne les avancées, les reculs, le nombre de morts, de blessés, les explications que ce narrateur croit bon de donner.

Les premiers jours de guerre d'Édouard furent on ne peut plus meurtriers. Le 10 octobre, le 66ᵉ a enregistré huit tués, trente-neuf blessés et un disparu. Le lendemain, vingt tués et soixante-deux blessés. Avant même l'heure de l'attaque du 12 octobre, les compagnies d'attaque ont perdu le quart de leurs effectifs par suite des bombardements allemands.

Pendant un mois, le narrateur du 66ᵉ RI ne fait que relater des attaques qui n'aboutissent pas, des replis. On avance de quelques dizaines de mètres et à chaque fin de journée le « comptable » inscrit son lot important de soldats tués, blessés ou disparus, auquel s'ajoutent d'impitoyables commentaires comme : « Les deux compagnies d'attaque, ayant tous leurs officiers hors de combat, sont arrêtées par les mitrailleuses à 250 mètres de leurs points de départ, et, décimées, se terrent dans les trous d'obus. Sans chefs, les armes enrayées par la boue, ces deux compagnies se replient vers 17 heures sur la parallèle de départ... »

En parcourant le registre, je constate que cette guerre est une addition de milliers de petites batailles, que ces batailles durent, avortent, mais aussi que les régiments sont déplacés comme des pions sur un échiquier. Ainsi, du 11 au 25 novembre, le 66ᵉ RI stationne dans la Somme, puis part en autos vers Illois, en Seine-Inférieure, où Édouard cantonne jusqu'au 14 décembre. Puis il revient dans la Somme, à l'est d'Amiens, autour du village de Bouchavesnes. Son rôle consiste à couvrir des travaux de terrassement, malgré le froid et le brouillard, et sous la menace de l'artillerie allemande : « Les tranchées sont en très mauvais état : à moitié ébranlées, envahies par l'eau et la boue. »

Le 19 décembre, le préposé aux écritures du 66e RI fait état de la brume, de la neige et de rafales de mitrailleuses qui gênent considérablement la circulation des corvées. Le 21 décembre, vingt hommes sont évacués pour cause de pieds gelés. Le cadeau de la nuit de Noël est le départ de cet endroit maudit. Le scribouillard conclut cette difficile période par : « Le régiment a fourni un gros effort : lutte incessante contre l'eau et la boue faisant ébouler les tranchées et les boyaux ; circulation très pénible dans un sol bouleversé. »

Pendant une semaine, Édouard se repose à Méricourt, dans le Pas-de-Calais, pour revenir à Bouchavesnes, dans la Somme, le 1er janvier. Les tranchées, toujours en aussi mauvais état, s'affaissent à la moindre pluie. Et, pour Édouard, c'en est fini du 66e. Il change de régiment une première fois, le 23 février 1917, et une seconde fois, le 13 mars. Je ne sais à quel critère obéissaient de telles mutations : remplacement des morts dans les régiments décimés ?

Affecté à la 18ᵉ compagnie du 226ᵉ RI, Édouard se retrouve dans l'Aisne du côté de Trosly-Loire. Le 18 mars, il est installé dans cette guerre depuis plus de cinq mois. Son régiment occupe alors une position qui vient d'être évacuée par les Allemands. Il peut constater les dégâts causés par l'ennemi : « Les maisons en pierre soufflées comme des châteaux de cartes, les arbres fruitiers coupés à un mètre du sol, l'incendie et la désolation partout où la dynamite n'avait pu agir, de vastes entonnoirs à la place des carrefours de routes, des pièges semés à tous les pas et dont un grand nombre d'hommes furent victimes... » Comme ses camarades, il va travailler à l'aménagement du cantonnement et à la réparation des routes. Au début avril, le 226ᵉ franchit l'Ailette et le canal Crozat malgré les salves ininterrompues des mitrailleuses allemandes. Et pendant tout le mois d'avril, alors que le général Nivelle, nouveau patron de l'armée, lance les poilus à l'assaut du Chemin des Dames, le régiment poursuit la remise en état d'un secteur situé dans la basse forêt de Coucy sous un bombardement journalier.

Dans la nuit du 30 avril au 1ᵉʳ mai, la 18ᵉ compagnie, celle d'Édouard, est l'objet d'une attaque violente par une patrouille d'une quarantaine d'hommes qu'elle réussit finalement à repousser. Encore dix-neuf jours de peur avant que le 226ᵉ soit mis au repos pendant un peu plus d'un mois, du 19 mai au 22 juin, date à laquelle il arrive à Braine, puis gagne le cantonnement de Saint-Mard, juste au sud de l'Aisne, à moins de dix kilomètres du Chemin des Dames.

Dans la nuit du 23 au 24 juin, Édouard s'installe dans la plus inconfortable des positions, à une dizaine de mètres en contrebas du plateau du Chemin des Dames, sur la commune de Braye-en-Laonnois, près de la ferme Froidmont. Le moral des poilus sur le front compris entre la ferme Froidmont et la ferme du Panthéon est loin d'être au beau fixe, car les Allemands viennent d'y lancer un deuxième et terrible assaut après leur attaque du 16 avril. La configuration des lieux a de quoi déprimer les plus vaillants. Les Boches sont à quelques mètres d'eux, mais restent invisibles, car, installés tranquillement sur le rebord du plateau, ils pointent vers le ciel de petits canons qui permettent de projeter des grenades à ailettes ou des *Minenwerfen* dans leurs tranchées.

Édouard et ses copains auraient encore été plus accablés s'ils avaient su que, pendant que leurs ennemis leur lançaient sans grands risques les terribles *Minenwerfen*, d'autres militaires allemands se reposaient dans les carrières dont les galeries commençaient à quelques mètres d'eux. Le Chemin des Dames avait quelque chose d'un château fort parcouru dans ses entrailles par des kilomètres de galeries. Cette configuration explique que l'attaque du général Nivelle se traduisit par une incroyable et vaine boucherie. Confortablement logés dans les carrières, les Boches n'avaient pas été touchés par l'artillerie censée détruire leur puissance de feu et amoindrir leur résistance.

L'historien du 226ᵉ a de belles formules pour décrire la situation créée par Nivelle : « Nos soldats, accrochés comme des chats à une gouttière, furent obligés de creuser les tranchées à même la pierre pour réaliser un front à peu près continu depuis Braye-en-Laonnois jusqu'à l'Épine de Chevrigny. Ils réussirent, malgré des difficultés à première vue insurmontables, à repousser toutes les attaques qu'ils ne pouvaient même pas voir venir, et restèrent stoïques sous les plus violents bombardements. Les grenades à ailettes arrosaient sans cesse les premières lignes. Les *Minen*, franchissant pour la plupart le rebord du plateau, tombaient dru, dans le ravin, sur les troupes de réserve... »

Cette description livresque du front de Braye-en-Laonnois ne permet pas de reconstituer le décor dans lequel Édouard a vécu ses dernières semaines. J'ai donc tenté de pallier cette insuffisance en lisant beaucoup et en me rendant sur place. Le village que j'ai découvert quatre-vingt-huit ans après les faits n'a plus rien à voir avec ce

173

qu'il était au printemps 1917. Braye, qui était un cantonnement allemand, avait en effet été complètement anéanti par l'artillerie française, un peu plus de deux mois avant l'arrivée d'Édouard. Celui-ci n'en vit que des ruines. Pendant les trois semaines qu'il y passa, seules les caves du village étaient encore utilisables et utilisées pour faire la popote, se reposer et se mettre à l'abri. Braye-en-Laonnois a été reconstruit et a effacé toutes traces d'Édouard. Seul le site pouvait encore « parler », à condition de pouvoir le décrypter. Au terme de ma première visite, je n'avais toujours pas compris pourquoi le général Nivelle avait envoyé autant d'hommes à l'abattoir.

Une deuxième visite, guidée cette fois-ci, s'imposait. Par chance, je trouvai sur Internet la trace de l'association du Chemin des Dames et de l'un de ses bénévoles, Gilles Chauwin, qui passe tous ses loisirs à entretenir ce haut lieu de mémoire. Après avoir entraîné avec lui le maire de Braye-en-Laonnois, Gilles Chauwin m'emmena, par un froid et brumeux dimanche de novembre, sur les routes et les chemins des alentours pour tenter de me faire comprendre le piège mortel dans lequel le général Nivelle avait envoyé les poilus, et, parmi eux, un grand nombre de *Bleuets*.

Nivelle méconnaissait complètement l'aménagement allemand des trois carrières de quarante hectares sous le plateau du Chemin des Dames. Un chemin de fer permettait d'acheminer hommes, armes et munitions du nord au sud. Les Boches y étaient totalement à l'abri des obus de l'armée française. Après le pilonnage de l'artillerie, les poilus partirent des bords de l'Aisne à l'assaut du Chemin des Dames en suivant les rives du canal qui relie l'Aisne à l'Oise, et arrivèrent au pied du plateau à Braye-en-Laonnois. Les Allemands, installés sur les hauteurs cernant l'entrée du canal, transformèrent la victoire programmée en désastre. Après avoir perdu des dizaines de milliers de soldats, la plupart des unités françaises furent stoppées net à proximité des rebords du plateau. À quelques mètres sous terre étaient installés leurs ennemis qui, à tour de rôle, après s'être bien reposés, venaient faire le coup de feu.

Tout près de ce qui fut la ferme Froidmont, Gilles Chauwin ouvrit une grille après avoir déverrouillé un cadenas. Lampe au front, il descendit plusieurs échelles pour accéder à une galerie. Nous avons ainsi parcouru environ deux kilomètres dans ces carrières qui, avant de servir de casernements aux Allemands jusqu'en octobre 1917, puis aux Français, enfin aux Américains au printemps 1918, avaient été exploitées des siècles durant pour en extraire des pierres. Plus de mille inscriptions sur les murs racontent la vie mouvementée des lieux : chacun, selon ses croyances ou ses peurs, voulait laisser un message à une petite amie, à une mère, à Dieu, au Grand Architecte de l'Univers, à son drapeau ou à sa patrie. Ici un dortoir, une chapelle, la « chambre » d'un officier, un entrepôt de munitions, des chaussures, des bouteilles, des baïonnettes... Édouard ne connaissait pas cette ville souterraine située à une dizaine de mètres de lui, où se reposait probablement le soldat qui allait lui expédier la mine qui mettrait fin à sa jeune vie.

Comment réagit Édouard en découvrant l'absurdité de la position de Braye-en Laonnois ? Fut-il au moins au courant ? Et quand ? Était-il trop fatigué pour réagir ? Était-il devenu un soldat exténué qui se réfugie, n'en pouvant plus, dans l'obéissance aveugle aux ordres de sa hiérarchie ? Je ne peux répondre à ces questions. J'ai seulement découvert, en consultant des archives, que nombre de ses anciens copains du « Six-Six » s'étaient mutinés, le 19 mai, et avaient refusé de monter au front. Une lettre d'un de ses anciens compagnons, interceptée par le contrôle postal, résume bien l'état d'esprit qui régnait au 66ᵉ : « Nous en avons tous marre, nous n'en voulons plus, même ! Certains régiments ont déjà manifesté bruyamment leur mécontentement. J'ai bien peur que ça devienne plus grand encore. C'est peut-être ce qui mettra fin à cette boucherie humaine qui dure depuis trop longtemps ! »

Je n'ai pas de lettre d'Édouard, aucun témoignage, ce qui le plonge à nouveau dans son statut de soldat inconnu. J'ai connaissance des mouvements de son groupe, mais il est trop petit, perdu dans la foule de ses compagnons, pour que je puisse le distinguer précisément et lire sur son visage la marque du destin en marche.

Arrivé au lendemain d'une violente attaque allemande, Édouard participe activement à la réfection des boyaux et tranchées. Le 8 juillet, il est en première ligne avec sa compagnie lorsque les Allemands lancent un nouvel et brutal assaut, précédé d'un intense bombardement de grenades, torpilles et obus. Le sergent Besnard est tué sur le coup.

Toujours aussi laconique, le journal du 226ᵉ évoque à la date du 13 juillet une « situation sans changement » et des pertes, entre le 13 et le 14 juillet, de « 4 tués, 9 blessés ». La mort d'Édouard, le jour de la fête nationale, s'inscrit dans ces seuls mots : « 4 tués ». L'historique du 226ᵉ ne dit donc pas que le domestique de la Chesnaie est « mort pour la France » à 5 heures, à l'ambulance 2/18 (le terme *ambulance* désigne ici un hôpital de campagne), située à Brenelle, à une quinzaine de kilomètres de Braye-en-Laonnois, « des suites de blessures de guerre » reçues à Braye. Quand a-t-il reçu l'obus, la grenade ou la *Mine* ? Les archives ne le disent pas, mais les quelques mots de l'historique du 226ᵉ suggèrent que les quatre poilus du régiment ont été tués le 13 ou le 14 juillet.

Les aiguilles brisées de la montre achetée à Pouancé, chez le bijoutier Rouault, indiquent qu'Édouard a été blessé peu après 17 h 30, le 13 juillet, ou douze heures plus tard, au matin du 14 juillet.

C'est à la mairie de Saint-Michel-et-Chanveaux, sur le registre de l'état civil, en date du 1ᵉʳ mars 1918, que j'ai trouvé le plus de détails sur la mort d'Édouard. Une transcription de son acte de décès y figure, dressé par Charles Lépousé, officier d'administration de 2ᵉ classe, gestionnaire de l'ambulance 2/18, officier de l'état civil, sur déclaration de François Clerc, caporal infirmier âgé de quarante ans, et de Georges Bourgouin sergent infirmier âgé de quarante-quatre ans, témoins, l'acte ayant quand même été *vu* (validé) par Stephen Héméry, médecin-chef de l'ambulance 2/18.

Instinctivement, j'ai voulu retrouver un instant les traces de ceux qui le virent mourir, pour revivre ce dernier soupir noyé parmi tant d'autres. Mais j'avais bien peu de chances, oui, vraiment très peu de chances de parvenir à mes fins.

XI

Coup de foudre sur un champ de courses

Le 27 juillet 1919 à 8 h 30, le conseil municipal
de Saint-Michel décida à l'unanimité « d'honorer et
de perpétuer le souvenir des glorieux morts de la
commune » en érigeant un monument commémo-
ratif. Cette réunion proposait également l'inscription au budget d'une allocation de trois cents francs
et décidait de faire appel à la générosité publique.
En cherchant ces documents, je tombe sur d'autres
archives évoquant les miens : « constatant l'absence
de la famille Péan », le conseil municipal du 9 juillet
1917 la suspend du bénéfice de l'assistance médicale
gratuite. Cette décision signifie que la famille
d'Édouard n'avait pas été prévenue de sa mort par le
maire de Saint-Michel.
Cette information d'apparence anodine m'a
perturbé. J'ai en effet toujours entendu dire dans

mon enfance qu'Eugène et sa famille avaient quitté Saint-Michel-et-Chanveaux en 1920 pour s'installer à Senonnes, petit village de la Mayenne situé à 17 kilomètres de là. Une visite aux Archives départementales de la Mayenne m'apprit de surcroît que mon père n'était arrivé à Senonnes qu'à la fin 1923. Six ans de l'histoire de la famille s'étaient soudainement envolés ! Chacun se promène dans la vie avec des certitudes qu'on lui a léguées : pourquoi aurais-je douté de l'affirmation paternelle ? Ce décalage entre réalité et légende n'avait d'ailleurs probablement aucune importance, sauf pour moi quand j'en vins à réaliser que l'oncle Édouard était en fait le passeur invisible qui allait me ramener à mon père.

Pendant plusieurs semaines, comme si ma vie en dépendait, je remuai ciel et terre pour retrouver le nom du village où était arrivée une charrette tirée par un vieil homme borgne et une petite femme en noir, et poussée par deux jeunes filles surveillant de près un garçonnet turbulent d'un peu plus de quatre ans : Eugène, mon père. La chance me sourit : la secrétaire de mairie de Senonnes me communiqua le nom d'un vieil habitant natif du lieu qui aurait pu connaître mon père et sa famille. Je téléphonai à ce M. Joly. Dès le début de la conversation, il se déclara être un *ami d'Eugène*, et manifesta un grand plaisir à évoquer son souvenir.

Avant de lui rendre visite, je constatai qu'il figurait bien dans le dernier carnet d'adresses de mon père.

Quelques jours plus tard, Alexis Joly me raconta qu'il avait bien connu mon père quand celui-ci était domestique du sien à la Grande Marronnerie. Il se souvenait qu'avant d'y travailler, Eugène avait loué ses bras au père Verron, à la Petite Marronnerie et, avant encore, avait été domestique chez sa demi-sœur, à la Boucaudrie. Une carte IGN au cent millième me permit de situer la Boucaudrie sur la commune de La Rouaudière, toute proche de Senonnes. Cette indication allait-elle me permettre de colmater le trou de six ans dans la vie de mon père ? La liste électorale de La Rouaudière pour l'année 1919 et le recensement de 1921, consultés à Laval, me permirent en effet de découvrir qu'Eugène et sa sœur Marie avaient alors habité avec leurs parents le hameau des Boinières, à La Rouaudière, et qu'Adolphe et Joséphine, mes grands-parents, étaient domestiques chez les Lemée, riches propriétaires terriens.

Si Adolphe avait quitté Saint-Michel, proba-blement c'est parce qu'à soixante ans avec un œil en moins et une jambe folle, il n'avait plus assez de forces pour gagner la vie de sa famille en forêt de Chanveaux. Il avait choisi de s'installer à La Rouaudière parce que François Rayé, deuxième mari d'Angélique, sa fille aînée, y était métayer depuis quelques années. Le couple abritait six enfants sous son toit.

Après la guerre de 14-18, La Rouaudière était un village composé de 132 maisons, 141 ménages et 521 habitants. Adolphe, qui pourtant ne savait pas lire, s'était bel et bien inscrit sur la liste électorale dès son arrivée. Tout au long de cette enquête familiale, une actualité on ne peut plus brûlante – problèmes des banlieues, difficile intégration des Français issus de l'immigration – m'amena à m'interroger sur l'intégration de ma famille à la société française. À partir de quand les Péan se sont-ils sentis citoyens français ? J'ai la conviction que, pendant des dizaines de générations, ils n'étaient préoccupés que par leur propre survie, et que la seule communauté à laquelle ils étaient attachés était celle de leur hameau, voire de leur village. Les Péan étaient encore loin d'avoir les mêmes droits que ceux qui se définissent aujourd'hui comme les « indigènes de la République ». Ils faisaient partie de cette masse servile qui, comme à Athènes, permettait à une minorité d'exercer ses droits dans la cité. Ils ne participaient donc que par procuration à la construction de la France. Adolphe a-t-il vibré pour le drapeau français, en Tunisie, lors des débuts de la colonisation sous la IIIe République ? Toujours est-il que le voilà inscrit sur les listes électorales de La Rouaudière dès son arrivée dans ce village. Mais il faudra attendre la génération suivante, celle d'Édouard et de mon père, leur fréquentation de l'école et leur pratique de l'écriture, pour que les Péan suivent des cours d'instruction civique. Puis qu'Édouard meure pour la France et que son frère Eugène se réclame de la même bravoure, comme on le verra plus tard... Bref, ce n'est ni à la première, ni à la seconde, ni même à la troisième génération, mais bien après, que les Péan sont devenus des citoyens français à part (presque) entière.

Eugène fréquenta l'école publique de La Rouaudière à la fin de la guerre ; c'est Victor Pottier, arrivé en septembre 1919, qui fut son instituteur jusqu'à son départ pour Senonnes. Une longue visite à cette école ne m'a pas permis d'en savoir davantage sur l'enfance de mon père. Les vétérans du village, rassemblés pour jouer aux cartes dans une salle municipale, ne m'ont pas davantage aidé dans ma quête. Tout au plus certains se souvenaient-ils des enfants de la demi-sœur de mon père, restés à La Rouaudière jusque dans les années 1930.

À la fin de 1923, Eugène, dix ans, s'installa à Senonnes avec ses parents dans la petite maison d'une seule pièce située près de l'école publique, dans le bourg, maison que j'ai connue au milieu des années 1940. Ses deux sœurs avaient déjà quitté le foyer. Marie, dix-huit ans, n'était pas loin : elle était journalière chez Baslé qui tenait le débit de boissons près de l'église. Mon père est resté domicilié à Senonnes jusqu'à son mariage avec Alice Gougeon, au début de 1937. Pour raconter cette période, je dispose des histoires que mon père racontait, de celles d'Alexis Joly, de quelques documents administratifs et des rares souvenirs des filles de l'instituteur, déjà évoqués.

J'ai pratiquement tout oublié des confidences que mon père me fit quand il jouait encore de l'accordéon. Muni de quelques photos, j'essaie néanmoins de faire revivre l'enfant et le jeune homme qu'il fut tout en sachant combien cette démarche est illusoire.

Le 23 juin 1925, il obtint son certificat d'études primaires à Saint-Aignan-sur-Roë. Contrairement à Édouard, son résultat fut très honorable. Il était le meilleur élève de Senonnes, cette année-là, tout en étant encore loin de mériter une mention. Il n'en avait d'ailleurs nul besoin pour recevoir du maire un beau et grand livre *in octavo* à couverture rouge intitulé *Les Aviateurs des Andes*, de Marc Janin, qui figure depuis longtemps en bonne place dans ma bibliothèque. Les points forts d'Eugène étaient la récitation et le chant, ce qui ne m'étonne pas : il avait à la fois une très bonne mémoire et un don manifeste pour retenir d'oreille une partition.

Un de mes souvenirs ne colle pourtant pas avec la réalité : mon père parlait avec admiration et émotion de Jean Niobé, son dernier instituteur. Il disait souvent que ce dernier avait tenté de le convaincre de poursuivre ses études et de faire l'école normale. « Mais, poursuivait-il, je n'étais pas assez mûr... » Si Jean Niobé lui a bien fait cette proposition, ce qui n'est pas sûr, Eugène, à douze ans, avait une autre raison bien plus impérieuse de ne pas pouvoir quitter Senonnes : il devait rapporter de l'argent à ses parents. Son père était trop vieux et invalide pour continuer à s'acquitter de son travail de domestique – « Adolphe était mutilé et marchait de travers », se souvient Alexis Joly – et ce que ramenait sa mère avec ses lessives n'était pas suffisant pour faire bouillir la marmite – « Je l'ai toujours connue vieille, elle faisait des lessives », confirme Joly. Malgré son jeune âge, Eugène devint donc *bicard* à l'âge de douze ans, puis domestique dans quelques fermes de Senonnes jusqu'en 1935.

Les souvenirs d'Alexis Joly font apparaître mon père en pleine lumière, tel que probablement je le voyais étant enfant. Alexis m'a tout de suite conduit à la Grande Marronnerie, la ferme de ses parents où Eugène travailla quelques années après avoir quitté la Petite Marronnerie et avant de se faire embaucher à la Bénéfrière, le père Joly n'étant plus en mesure de lui payer ses trois mille francs

185

annuels. Quelques centaines de mètres avant d'arriver à la ferme, il me montre les champs d'un geste large : « Ton père les a tous retournés avec ses chevaux. Il maîtrisait les attelages de chevaux comme personne... » De fait, j'ai toujours été fasciné par la connaissance des chevaux qu'avait mon père. Le jour des courses à Sablé, en juillet, il nous emmenait, ma sœur et moi, à l'hippodrome, nous glissait un billet de cent francs chacun, nous accompagnait au canter avant chaque course de trot, nous désignait l'animal sur lequel il fallait parier... et le cheval désigné l'emportait toujours !

Alexis et moi laissons de côté le corps principal de la ferme, devenu la résidence d'un couple d'Anglais, pour nous diriger vers ce qui était l'écurie. Et avec une émotion presque aussi forte que la mienne, Joly me montre, en deux endroits, le prénom de mon père gravé dans le schiste. À l'intérieur de l'écurie – qui « était son domaine, tu vois », poursuit Alexis Joly – « c'est lui qui a construit l'escalier en bois, et le porte-colliers de chevaux... ».

Après cette immersion dans les lieux qui ont marqué la jeunesse de mon père, des mots simples affluent à la bouche d'Alexis :

– C'est lui qui m'a donné mon premier vélo. Il était gentil avec nous, avec ma mère, et après son propre travail, il aidait ma mère dans ses travaux. Il n'y avait pas besoin de lui demander : il était toujours prêt à rendre service, à aller chercher l'eau, à ramener du bois. Il m'a souvent gardé… Il était plein de vie, le gars Eugène. Oui, il représentait la vie… Il était au-dessus de la moyenne. Même s'il était mal vu par le curé…

Mon père m'a en effet raconté que le curé Pierre n'aimait pas les enfants de familles pauvres.

– Eugène jouait de l'accordéon pour nous amuser, et chantait beaucoup lors des veillées qui existaient encore, où les femmes tricotaient ou raccommodaient alors que les hommes faisaient des paniers et des paillons avec de la paille et des ronces. Je me souviens même d'une chansonnette : *Elle jouait du yo-yo / La jolie yéyette, / Elle jouait du yo-yo / C'était rigolo…* Vers ses vingt ans, Eugène faisait les bals.

Les souvenirs d'Alexis Joly me remettent en mémoire une confidence de mon père qui m'avait marqué : à la fin des bals, il dormait debout mais continuait néanmoins à jouer de l'accordéon. « Avec Eugène Bodard, il allait pêcher les grenouilles », poursuit l'ami de mon père. Et le voici qui conte une autre scène que j'ai souvent entendu rapporter :

– Ton père était très costaud. À la *parbatte* [c'est-à-dire à la fête qui suivait les battages dans une ferme] les hommes se livraient à des exercices de force, dont l'un consistait à prendre un ou deux sacs de blé sur le dos, à l'arrière d'une charrette, à remonter les deux chevaux attelés et à revenir déposer sa charge sur la plate-forme de départ. Ce jeu dangereux pour le dos et les reins commençait généralement après que tout le monde avait déjà un petit coup dans le nez. Eugène était très fort à cet exercice.

Je ne me souviens plus avec certitude du poids que mon père prétendait ainsi charrier, mais il dépassait en tout cas largement les cent kilos.

Alexis prononce encore une phrase souvent entendue : « Ton père disait que ses parents avaient toujours été des *gueux*… »

Naturellement, Alexis Joly en vient à parler de Jean Niobé, l'instituteur tant admiré par mon père. Il décrit un « hussard noir de la République » engagé corps et âme dans sa mission : éduquer les enfants des campagnes pour les élever socialement et en faire des citoyens à part entière. Alexis et mon père voyaient en lui un missionnaire laïque qui leur inculqua une morale exigeante et l'amour de la France. « Niobé est resté à Senonnes jusqu'en 1928 et il entretenait des relations avec tous ses anciens élèves. » Petit à petit, je découvre que Niobé était engagé politiquement : « Il était au Parti communiste de la Mayenne », mais je comprends que, sous ce vocable, Joly veut simplement dire que l'instituteur était de gauche. Je comprends aussi qu'il a entraîné mon père sur la même voie : « Eugène était sûrement socialiste. » Paradoxalement, je ne suis pas surpris par cette affirmation, alors que mon père ne m'a pourtant jamais parlé de ses inclinations politiques. Mes parents ne se disaient pas comment ils votaient, mais de nombreux signes montraient qu'ils n'étaient pas sur la même ligne. Ces divergences valaient également pour la question religieuse qui, dans l'Ouest, est inextricablement liée à la politique. Dans mon enfance, mon père n'allait à la messe – de temps en temps – que pour faire plaisir à ma mère. À la maison, jamais on ne parlait de ce qui concernait la foi et la religion. Et je me souviens des efforts que mon père déploya pour m'extraire de l'école privée, quand je dus quitter Sablé, pour poursuivre mes études secondaires. Je me rappelle aussi le plaisir qu'il prenait, au salon de coiffure, à discuter avec ses clients « communistes » – ses amis d'après-guerre qui étaient plutôt « marqués à gauche ».

Le petit coiffeur de Sablé a conservé des relations avec Jean Niobé jusqu'à la mort accidentelle de ce dernier en décembre 1968. Il ne pouvait ignorer son engagement. Les Archives départementales de la Mayenne m'ont permis de compléter les informations d'Alexis Joly sur leur instituteur. Après une très belle guerre de 14-18 qui lui valut la croix de guerre et la médaille militaire, et après avoir occupé deux postes d'instituteur, il devint, vingt-trois ans durant, directeur d'école primaire à Craon, puis directeur du collège d'enseignement général de

Renazé. Parallèlement à sa carrière d'enseignant, il était également président de la section socialiste de Craon, président de l'Union musicale de Craon, de la Gaule craonnaise, etc.

Du service militaire de mon père effectué à Sissonne (attention, il ne s'agit pas de Senonnes !) entre octobre 1934 et octobre 1935, je conserve quelques cartes postales. J'ai également un certificat de bonne conduite signé du colonel Picard Claudel, qui ne colle pas du tout avec les histoires que racontait mon père. Eugène affirmait qu'il avait été traduit en conseil de guerre pour avoir mis KO un adjudant, ce dernier ayant exigé des soldats qu'ils ferment les ouvertures de la grande toile de tente sous laquelle ils dormaient par une chaleur écrasante. Il commentait cet acte en développant de grandes théories sur l'imbécillité de la hiérarchie militaire.

Le cahier bleu par sa belle écriture durant cette année-là en apprend plus long que son livret militaire. Il est décoré d'enluminures et de dessins. Quelques pages traduisent son amour pour la vie, la forêt, la campagne : un chevreuil et son petit ; un lapin ; une scène de chasse où l'on voit un chasseur, escorté de son chien, tirer un lièvre ; un superbe bouquet de fleurs. D'autres marquent son attente de l'Amour et de la Femme. Son « plumard » et son paquetage, où l'on voit même fourchette et cuillère croisées devant sa gourde, font l'objet d'une page entière. Un autre dessin montre son fusil modèle 36, sa baïonnette et son couteau. Mais le plus grand nombre de pages du cahier est occupé par des chansons populaires des années 1930 : *Avant d'être capitaine* ; *Amusez-vous* ; *Au Luxembourg* ; *La Chanson d'une nuit* ; *Si petite* ; *Vous, qu'avez-vous fait de mon amour ?* ; *La Petite Lilloise* ; *Meunier, tu dors* ; *Son voile qui volait* ; *Quand on s'est aimé* ; *Le Chaland qui passe* ; *C'est suffisant pour les amants* ; *La Java des pompons rouges* ; *Parlez-moi d'amour* ; *J'hésite* ; *Le Secret du bonheur* ; *Avec les pompiers* ; *Le P'tit Quinquin*... Et *La Chanson de la classe*, que le 2ᵉ classe Péan a dû chanter avec entrain :

> *De servir notre patrie*
> *Enfin voici le beau jour*
> *Nous allons, France chérie*
> *Te prouver tous notre amour*
> *Nous quitt'rons notre famille*
> *Sans regret et sans rancœur*
> *D'orgueil notre regard brille*
> *Et tous nous chantons en chœur*
> *Le cœur plein d'entrain*
> *Ce joyeux refrain :*
> *Pour les bleus c'est jour de fête*
> *Vive notre régiment*
> *Redressons bien haut la tête...*

Eugène n'avait pas oublié sa petite patrie de Senonnes : il avait en effet recopié *La Senonnaise*, à chanter sur l'air des *Gars de la Marine*, une chanson oubliée depuis belle lurette :

> *... Dans notre petit village*
> *On est tous à la page*
> *Les filles y sont gentilles*
> *Et forts sont les garçons*
> *Que l'on soit jeune ou vieux*
> *Tout le monde est joyeux*
> *On joue à la manille*
> *On tape sur le ballon !...*

De son cahier se dégage le portrait d'un boute-en-train, un joyeux drille qui aimait faire la fête. Des photos aussi : sur l'une d'elles, ils sont six, torse nu ; Eugène est le plus râblé, mais il se tient bien droit et met en valeur une avantageuse musculature en gonflant ses pectoraux. Sur un autre cliché, ils sont dix troufions ; six d'entre eux portent une petite ardoise avec une inscription. Mon père est allongé contre son fusil mitrailleur et tient d'une main la sienne : *À bientôt, nos petites femmes...* Durant son service, il se fit nombre d'amis parmi lesquels des *ch'tis*, ouvriers du textile, dans le Nord, et aura correspondu longtemps avec l'un d'eux.

En octobre 1935, il revint à Senonnes. Mais plus question de reprendre son métier de domestique de ferme. Il décide de devenir coiffeur ! Où avait-il appris le métier avant de revenir s'installer à Senonnes ? Au service militaire ou bien à Caen ? Je ne sais. À moi, son fils, il réservait ses confidences sur son séjour à « Caen, ville ouverte », et n'hésitait pas à se décrire comme un garçon bagarreur qui n'avait pas peur d'affronter les voyous qui semaient la terreur à la sortie des bals. Il laissait entendre qu'il n'avait pas été loin de devenir lui-même un voyou. Mon père avait toujours besoin de montrer que lui, pourtant de si petite taille, était en réalité d'une force peu commune, et que si « on le cherchait, on le trouvait »… Il y avait du redresseur de torts en lui. Il était prêt à corriger les voyous et c'est avec la même rage qu'il s'en prenait aux injustices de la société, à la misère et aux bourgeois !

Le recensement de 1936 le montre donc coiffeur dans le bourg de Senonnes. J'ai aussi retrouvé une carte d'adhérent du Club cycliste de Renazé, datée de la même année. Je l'imagine plein d'énergie. Les photos de l'époque montrent un jeune homme sapé comme un milord. Sur l'une d'elles, il porte chapeau, pantalon rayé, cravate tenue par une épingle. Cela colle assez mal avec son milieu, mais montre qu'il voulait manifestement en sortir. Je comprends mieux l'expression employée par la mère de Louis Legras à son sujet : c'était un *emballe...* Eugène écumait les bals, les champs de courses, tous les lieux où l'on pouvait rencontrer des filles. Il cherchait à emballer pour de bon !

J'ai déjà parlé de l'enfance difficile de ma mère, imputable en partie à la sienne, par trop autoritaire. Cette mainmise, ma mère ne s'en dégagea pas avec sa majorité (s'en dégagea-t-elle jamais, d'ailleurs ?). Ainsi, après trois ans passés à l'école professionnelle de la rue Fulton, à Angers, Alice s'est installée en septembre 1926 comme couturière à Combrée, chez ses parents. À vingt ans, exaspérée par la tyrannie de sa mère qui la traite comme si elle avait encore dix ans, elle décide de quitter Combrée pour pouvoir enfin respirer, mais, malgré les secrets encouragements de son père, elle se heurte au veto sans appel de la sage-femme. Elle fait contre mauvaise fortune bon cœur et continue de se plier à une vie complètement réglementée. Jusqu'à vingt-cinq ans, elle est obligée de rendre compte à sa mère de la moindre de ses sorties et des rencontres qu'elle a faites. Elle n'est autorisée à sortir que dans le cadre des activités de la paroisse ou en famille. À Combrée, pas question de rentrer tard le soir ; la famille Gougeon était obsédée par le qu'en-dira-t-on. De temps en temps, elle réussissait à s'évader de Combrée, comme en janvier

1934, pour aller suivre des cours de coupe avenue de l'Opéra, à Paris. Mais ces escapades ne lui firent pas rencontrer l'âme sœur. Elle coiffa Sainte-Catherine avec morosité. Son atelier de couture, avec ses trois employées, marchait bien mais ne lui apportait pas ce qu'elle recherchait. Elle étouffait, aspirait à une autre vie. Au printemps 1936, elle entreprend des démarches pour passer le concours d'infirmière de l'Assistance publique de Paris. Elle envisage même, en cas d'échec, de devenir sage-femme, comme sa mère, ou, à défaut, femme de ménage ! Elle est prête à tout pour quitter sa prison.

C'est le 9 août 1936, jour des courses de chevaux à Combrée, que ma mère remarque pour la première fois Eugène Péan. En ce jour de grande affluence, elle est accompagnée de sa jeune sœur Jeanne, dix-sept ans, et s'est mise sur son trente et un. Son attention est attirée par ce jeune homme bien habillé, l'œil vif, qui la reluque manifestement avec grand intérêt. Alice et Eugène n'échangent que des regards ce jour-là. Eugène s'en retourne à Senonnes sans même connaître le nom de cette jeune fille qu'il estime toute jeunette. Il est même persuadé – c'est du moins ce qu'il affirmera toujours – qu'elle n'a alors qu'une quinzaine d'années.

Six jours plus tard, jour de l'Assomption, Alice, Jeanne et Armand emmènent leurs cousins de

Nantes à la plage de la Blisière, non loin de Juigné-des-Moutiers et de Pouancé. Comme tous les dimanches et jours fériés, l'étang de la Blisière – 92 hectares au milieu d'une forêt de 1 750 hectares – attire énormément de monde. Les jeunes y viennent à bicyclette, ou avec la navette de la scierie Maillard – Henri Maillard, maire de Senonnes, est propriétaire de l'étang et de la forêt de Juigné –, plus rarement en voiture. Il y a plus de monde sur la plage que de baigneurs dans l'eau. Le *casino* (le bar) ne désemplit pas et les couples tournent sur la piste du *kiosque* (la guinguette). Près du *kiosque*, Alice lève les yeux et croise ceux du jeune homme qui la dévorait déjà du regard aux courses de Combrée. Merveilleux hasard ! Les cœurs d'Alice et d'Eugène se mettent à battre la chamade. Le petit coiffeur de Senonnes invite la jeune fille à danser, il n'ose pas lui demander son nom ni son adresse, mais apprend, non sans surprise, que la jeune fille est son aînée... Les choses en restent là et chacun de repartir de son côté, même si Alice et Eugène rêvent déjà d'une prochaine mais hypothétique rencontre...

Quand Alice décide, le 6 septembre, d'aller aux courses de Pouancé, elle espère donc en secret que son jeune danseur y sera. Eugène partage le même état d'esprit. Dès qu'il l'aperçoit, au bal qui clôture ce jour de fête, il ose cette fois aller au-devant d'elle et reste en sa compagnie toute la soirée. Ils parlent, dansent, ne se quittent plus. Tant et si bien qu'oubliant l'heure, Alice rate le car qui est censé la ramener chez elle. Après avoir cherché en vain une chambre, elle trouve finalement une voiture qui la rapatrie à Combrée.

Ma mère avait gardé les lettres qui me permettent aujourd'hui de reconstituer cet « événement ». Dès le lendemain matin de cette rencontre à Pouancé, le petit coiffeur écrit à la jeune couturière, devenue déjà sa « chère petite amie » :

Ce n'est que ce matin que je rentre à Senonnes. Bien fatigué, pourtant, mais mon premier travail est de rédiger ce petit écrit, car je ne pense plus qu'à vous, inquiet de ce qui s'est passé à votre rentrée à la maison.

Depuis nos premières rencontres à Combrée et surtout à la Blisière, souvent je pensais à vous, mais en vain, car je ne voyais pas l'occasion de me trouver près de vous. Aussi vous ne vous doutez quelle joie je ressentis quand je vous apercevais au bal, hier au soir. Gentiment nous avons donc pu danser une partie de la soirée ensemble. Mais il fallait que vous partiez à 9 heures. Il est vrai que ça ne faisait guère de temps, mais je crois que les minutes ont passé plus vite que de coutume. Pour moi, le temps a passé comme un rêve. J'aurais bien voulu rester longtemps avec vous, c'est pour–

quoi quelques instants avant votre départ je vous demandais de sortir avec moi afin de suivre la foule se dirigeant vers la prairie sur l'air de En cueillant la noisette et la fraise, *etc.*, *mais nous, nous les cassions. C'était pourtant bien gentil.*

Hélas, quelle faute j'ai commise !… Aujourd'hui encore je me reproche de vous avoir fait manquer votre car, et surtout la suite. Pour vouloir passer cinq ou dix minutes plus près de vous, nous avons essuyé toute une série d'incidents, et pour vous, comment s'est terminée cette soirée après m'avoir quitté ? Sans doute grondée en arrivant. Que vont penser les gens qui vous accompagnaient en venant ? Espérons que la rumeur publique ne tache pas davantage le souvenir de cette soirée si agréablement commencée et si défavorablement finie.

Pour moi je voulais rentrer, mais, comme vous le savez, la pluie tombait à flots. Le bal n'étant pas terminé, je recommençai à danser, ne pouvant pas faire autre chose. Mais quelque dix minutes plus tard, c'était la fin. Ne pouvant pas prendre le chemin du retour en raison du mauvais temps qui persistait, et n'ayant pas de gîte pour aller me reposer, je dus rester sous la tente où nous dansions jusqu'à 6 heures ce matin, accompagné d'une vingtaine de jeunes hommes qui furent pris dans les mêmes circonstances que moi.

198

*À demi frigorifié après avoir sommeillé
pendant près de quatre heures sur les bancs de la
tente, je regagnai Senonnes sans oublier celle pour
qui j'ai fondé une tendre et sincère amitié, j'espère
que ce soit réciproque. Je termine, pensant recevoir une petite réponse bientôt. Je ne vous parle
pas des courses de Craon, car ce n'est que dans
quinze jours, ce sera pour la prochaine lettre*

*Je vous quitte, pensant que ce vulgaire papier
vous portera mes affections les plus tendres, et
mon meilleur baiser.*

Alice lui répond dès le lendemain :

*C'est avec grand plaisir que j'ai reçu votre
lettre ce matin. Il m'est agréable de constater que
les sentiments qui vous guident sont bien les
mêmes de part et d'autre, et c'est peut-être à cause
d'une certaine ressemblance sur certains points
que notre amitié s'est fondée.*

*Maintenant, mon retour. La jeune fille qui
m'accompagnait est venue avec son frère prévenir
mes parents, ils étaient tous ennuyés, comme vous le
pensez. Quand je suis arrivée, j'ai expliqué tout à
maman tel que ça s'était passé, sans en omettre ni en
ajouter, car j'aime bien la droiture et la loyauté.
Maman a compris et n'a pas grondé outre mesure*
[Alice a alors près de vingt-sept ans !], *seulement*

le point noir, c'était toujours le qu'en-dira-t-on.
Vous savez ce que c'est. Hier, je me suis adressée à
mon amie pour lui faire d'abord mes excuses pour le
tourment que je lui ai causé et pour savoir les
impressions des gens qui m'accompagnaient à l'aller.
Chacun en était de son petit mot plus ou moins
agréable, selon la disposition de chacun. Il a même
été dit que j'étais venue avec vous, prévenir de ne
pas m'attendre. Et vous souvenez-vous avoir
reconnu à la Blisière des jeunes filles de Combrée que
je ne fréquente nullement, du reste, mais qui ne nous
en avaient pas moins vu danser ensemble à la
Blisière et à Pouancé, naturellement ? Alors elles ont
fourni le renseignement.

Mais le comble, c'est que j'ai été vue deux fois
avec vous à la Blisière ! Comme on va facilement
à côté de la vérité...

Alors les commentaires étaient basés sur cela :
j'étais sortie du bal avec un jeune homme. Est-il
de Combrée ? D'où est-il ? Que fait-il ? De cela
personne ne soupçonne rien, et cela m'amuse. J'ai
dit pour le public que je m'en étais venue par le
train.

Cela les étonne d'autant plus que je n'ai jamais
fait parler de moi, et peut-être à cause de cela on
sera moins indulgent. Je préfère penser le contraire
et ne pas trop m'y attarder, car en réalité la ques-
tion de ma réputation m'ennuie un peu. Je me suis

toujours bien conduite, je veux continuer, mais je ne veux pas qu'on pense le contraire.

Pour les courses de Craon, j'espère y aller, mais, voyant que tout le monde est au courant de mon aventure, maman ne veut pas que je sois le point de mire de la population de Combrée, c'est pourquoi elle hésite un peu, surtout qu'il y a toujours beaucoup de gens d'ici à y aller. Mais je lui ai demandé, justement à cause d'eux, pour les calmer un peu, de m'accompagner à Craon. Je ne sais pas ce qui va se décider. À moins d'organiser une promenade d'un autre côté où j'aurai moins de chances d'en rencontrer ? Qu'en pensez-vous ? La Blisière serait peut-être plus indiquée pour ce jour-là ? Mais j'ai une idée :

Vous savez, je pars à Nantes samedi et compte rentrer mardi soir. Je pourrai partir de Nantes mardi soir au dernier car Drouin ou Citroën, et arriver à Pouancé entre 6 à 7 heures. Alors si vous étiez disponible… Vous voyez, je vous donne une occasion de nous revoir plus vite… Si oui que vous veniez, je prendrai le dernier train pour Combrée qui est vers 9 h 30, je crois. Mais, cette fois, je tâcherai de ne pas le manquer. Je ne veux pas me causer de nouveaux soucis, ni pour vous non plus.

Vous vous avouez coupable d'une telle faute, mais je le suis autant que vous et je n'ai pas eu l'idée de vous en vouloir.

Qu'ont pensé vos camarades ou amis que nous avons rencontrés ?

Si l'idée que je viens d'émettre plus haut vous convenait, je pourrais vous envoyer un mot de Nantes vous disant l'heure exacte que j'arriverais et par lequel des deux cars.

Maintenant je vais terminer mon petit journal en vous redisant l'heureux souvenir que je garde de vous, de nos trois rencontres, et même — faut-il que je vous le dise ? — je vous ai apprécié dès la première. Je vous trouve une nature très délicate qui me plaît infiniment, ce n'est pas une flatterie, c'est ce que je pense jusqu'à maintenant et ce que je voudrais toujours penser.

Merci pour votre parfum préféré, je ne le connaissais pas, mais il me plaît.

Je ne sais même plus si je vous ai remercié pour tout ce que vous avez fait pour moi, pour l'embarras que je vous ai causé ; si je l'ai oublié, veuillez trouver ici mon excuse en même temps que mes remerciements, et ne pas m'en vouloir.

Non ! je n'oublierai pas l'air d'En cassant ou en mangeant des noisettes !

Il me reste, voyez-vous, tout juste la toute petite place pour y déposer un affectueux baiser.

Une petite amie
au déclin de sa première jeunesse...

202

Cet « événement » métamorphose Alice : elle ne voit plus la vie de la même façon. Sa vie, son horizon, c'est désormais Eugène. Il y a encore quelques jours, elle aurait été déprimée en recevant une réponse négative de l'Assistance publique à sa demande de préparer le concours d'infirmière, sous prétexte qu'elle est trop âgée. Là, maintenant, elle s'en moque éperdument, d'autant plus que le dimanche soir 20 septembre Eugène est venu à Combrée et la rencontre avec ses parents s'est bien passée...

Le 23, Alice écrit à son frère aîné, qu'elle respecte beaucoup, pour lui annoncer qu'« il va probablement encore y avoir du changement » dans sa vie, et un « heureux changement » :

> Si cela se poursuit comme c'est bien commencé, eh bien, je serai ravie, oui, vraiment, et je bénirai la Providence qui semble arranger les choses en ma faveur... J'ai fait la connaissance d'un charmant jeune homme qui a de très bonnes intentions sur moi, une excellente nature et un cœur délicat, très franc. Il a tout pour me plaire et il me plaît infiniment, comme aucun ne m'a jamais plu vraiment. Sur les quelques demandes en mariage que j'ai eues, j'ai essayé par la raison de trouver un sentiment autre que celui de l'estime ou de l'amitié, mais en vain, je n'ai rien trouvé ; tandis que pour celui-là, ça n'y ressemble en rien. Je suis vraiment heureuse d'avoir rencontré cette exception agréable

qui est venue ensoleiller ma vie à l'heure où elle était si sombre. Il habite à Senonnes, à une ving-taine de kilomètres d'ici, mais il n'a pas l'air d'un campagnard, comme la plupart des habitants de ce pays-là, car il a sorti et est assez déluré de ce fait-là. Je le trouve même assez distingué...

Le 18 octobre, Alice écrit une nouvelle lettre à son frère aîné. Elle lui reparle évidemment de ses relations avec ce « si gentil et bon garçon » :

Je crois bien à une bonté de Dieu et j'espère que notre amour sera béni. S'il ne dépendait que de nous, nous nous marierions le plus vite possible, mais il y a la question finances qui va nous servir de frein en attendant, car il faut tellement de choses et le nécessaire tout de même pour ne pas être dans la misère au lendemain de notre mariage.

Les deux amoureux ont sans doute écrit de nombreuses autres lettres que ma mère n'a pas gardées, mais elle en a conservé encore une, très importante à mes yeux. Elle exprime en effet, de la part d'Eugène, une sorte de répudiation de sa propre famille par amour pour Alice. Jusqu'à la lecture récente de cette lettre, j'étais persuadé que c'était ma mère qui avait imposé à mon père de nous cacher sa parentèle ou plutôt de ne voir – et encore, avec parcimonie – que sa mère et ses deux sœurs, Eugénie et Marie. De Senonnes le coiffeur écrit donc, le 19 octobre 1936, à sa « bien chère petite "fiancée" » :

Il me semble que mon amitié grandit encore envers vous, pourtant je vous aime, impossible plus.

Renouveler ma présence près de vous me fait tant de joie que je voudrais que ce soit plus souvent.

Mon amitié déborde et je ne me contiens plus.

Je suis un enfant qui n'a jamais connu le bonheur des sentiments. Ayant vécu dans toute mon enfance et dans mon adolescence au milieu de matérialistes, étant obligé, par l'esprit imitateur de l'enfance, de suivre le même régime, j'ai donc dû vivre jusqu'à une vingtaine d'années ainsi.

Depuis longtemps, le bons sens me dictait un autre chemin sur lequel je ne pouvais m'engager. Alors je souffrais patiemment, mais pas sans me morfondre, car je voyais tant de favorisés qui ne profitaient pas, alors que moi je désirais l'impossible au même moment.

Mes plus proches n'avaient pas la capacité de m'aider. Si seulement ils m'avaient laissé faire… Je n'aurais pas aujourd'hui à me reprocher… pour eux !

Car je ne leur ferai jamais comprendre qu'ils se sont infligé une dette en ne m'accordant pas la liberté qui, pourtant, je crois, aurait pu m'être donnée.

Ils ne pourront jamais s'acquitter. Mais une âme pleine de loyauté saura intercéder pour eux. Cette âme, c'est vous.

Et c'est pour notre bonheur et celui de notre union que de ma mémoire disparaîtront « cette masse de gris papillons » !

Ô pauvre mère… j'ai toujours accepté sans répondre tous les vilains compliments, et je continuerai.

Voilà comment, après une vie de privation morale, je deviens « gourmand de bonheur ».

Je ne suis parfois pas raisonnable et sans limite, surtout quand il s'agit de vous quitter, vous, rayon splendide, qui faites sortir de l'obscurité une âme privée de lumière et de douceur.

Je suis gourmand du bonheur que vous me procurez, car je n'en avais point l'habitude, et comme un enfant quand on lui offre des friandises je ne me contente point.

Charmé par le bon goût, oui, j'ai goûté le bonheur, et pour la première fois.

Comme je suis heureux de vous confier mes peines si lourdes que personne ne connaissait et que personne d'autre que vous ne connaîtra. De par moi, toujours !…

Dimanche nous a donc procuré une courte mais agréable soirée. Près de ma petite fiancée, les heures passent comme un rêve.

Enfin, je quittai un peu plus vite que les deux dimanches précédents. Je suis rentré dans les meilleures conditions. Ce matin, j'étais levé à 6 heures, comme de coutume. Animé du souvenir de la veille, je ne ressentais aucune fatigue.

Et vous, ma petite Alice, vous n'étiez pas fatiguée d'une veillée un peu plus longue ?

À ma petite fiancée mes plus doux baisers et mon amitié la plus tendre et la plus sincère.

> *Bien votre petit fiancé,*
> *et bientôt votre époux.*

Tout va aller effectivement très vite. L'amour d'Alice va permettre de résoudre rapidement la « question finance ». La couturière de Combrée est en effet installée depuis dix ans, elle est économe et a donc accumulé un bon petit magot. Quant à Eugène, il n'a pas un sou vaillant, mais beaucoup d'énergie. Il cherche un salon de coiffure dans une bourgade plus importante que Senonnes et Combrée pour assurer la subsistance de sa future famille. Il consulte les petites annonces et se déplace beaucoup. Début janvier 1937, il trouve à Sablé-sur-Sarthe, situé à 70 km de Combrée, un salon de coiffure pour hommes à reprendre dans ce qu'on appelle alors le faubourg Saint-Nicolas. Après s'être rendue sur place, Alice donne son accord et, le 14 janvier, prête 4 000 francs à son fiancé, puis, avant de signer, se débrouille encore pour lui avancer 1 800 francs.

Dix jours plus tard, Alice et Eugène se fiancent. C'est l'occasion pour elle de découvrir sa belle-mère, ses belles-sœurs et leurs maris, « des gens simples », comme elle l'écrit à son frère.

Alice et Eugène se marient à Combrée le mardi de Pâques. Dès le lendemain matin, le salon est ouvert à Sablé. Le couple vit dans une cuisine et une chambre sans fenêtre, le tout meublé de façon rudimentaire. C'est là que je suis né…

Sur cette époque heureuse, j'ai retrouvé quelques lignes griffonnées par ma mère sur une grande enveloppe dépliée :

> *Voici en vrac quelques souvenirs de cette époque, en particulier de la rue Saint-Nicolas, dite « le faubourg », car à cette époque ce quartier, c'était bien le faubourg, mais attachant malgré tout, car je connais bien des personnes qui l'ont quitté et regretté.*
>
> *Quand nous sommes arrivés au 26, rue Saint-Nicolas comme « Coiffeur Messieurs » à notre compte, les maisons n'avaient pas de confort, loin de là. Il y avait l'électricité, mais le salon de coiffure était encore équipé de l'éclairage au gaz, et il n'y avait pas d'eau. Il fallait traverser la rue pour aller à la pompe, et cela souvent pendant la journée.*

À l'époque, le coiffeur était aussi barbier, et pour raser il fallait de l'eau. Il y avait un aménagement spécial avec cuvette sur un meuble dont le bas était fermé, et un seau en dessous pour y recueillir la mousse avec les déchets de barbe et l'eau pour se laver la figure (mais le contenu du seau passait parfois les bords et vous jugez du tableau !...). Mais un salon de coiffure, c'est vivant...

Lorsque vous montez la rue Saint-Nicolas, partant de la place de la République, sur votre gauche (côté pair) vous trouvez beaucoup de petites ruelles ; peu sont habitées maintenant, mais à cette époque il y avait pas mal d'habitants qui, pour se distraire, venaient respirer sur le trottoir pour voir du monde. À la belle saison, après le souper, ils y venaient avec leurs chaises et y restaient jusqu'à la nuit tombante, causaient avec leurs voisins ou ceux d'en face, ou avec les habitants d'un autre quartier qui faisaient un tour avant de se coucher, et aussi voir ce coin typique.

Sablé était très commerçant et vivait surtout à cause de sa campagne et celle des environs. Il y avait des foires très importantes avec bovins, chevaux, oies, avec les forains commerçants, la fête foraine avec ses bals, son cinéma, les autos-balançoires, chevaux de bois, avions, etc., et les stands de tir à la carabine, et les marchands de cacahuètes, don Cui-Cui, que tout le monde connaît... La foire était partout dans les rues avec ses bonimenteurs-marchands de vaisselle qui la cassaient exprès pour attirer le client, les marchands de chansons (c'est là qu'on apprenait les chansons), les voyantes ou diseuses de bonne aventure, et pas mal d'attrape-nigauds, les châtaignes grillées au coin du petit pont...

Il y avait la laiterie, route de Pincé, et la beurrerie « Mallet-Cador » sur la place de la République ou à côté. Il y avait le lundi, jour de marché, des hommes (coconniers) qui achetaient les œufs pour cette beurrerie, et d'autres hommes achetaient lapins, poules et animaux de basse-cour.

Les jours de foire, les gens y venaient nombreux, tout le canton se déplaçait. Les patrons de fermes y venaient, mais leurs domestiques aussi : c'était pour eux jour de fête. Ils s'arrêtaient au passage chez le coiffeur pour se faire beaux, se faire faire une friction ou une mise en plis. La vogue à l'époque c'était pour beaucoup le « Rêve d'or ». Quand la porte s'ouvrait, ça sentait au moins à cent mètres...

Il n'y a pas eu de suite à cette description, car Alice commençait alors à s'enfoncer dans la maladie de la mémoire... Si mes souvenirs ne

commencent qu'à la fin de 1939, je peux néanmoins affirmer, sans risque de me tromper, que je
suis né dans les effluves de Rêve d'or, de chez
L.T. Pivert, puisque la chambre sans fenêtre où
ma grand-mère m'a aidé à venir au monde était
située entre le salon de coiffure et la cuisine, et que
la porte qui séparait ladite chambre du salon n'était
étanche ni au bruit ni aux odeurs.

Probablement sans en être conscients, mon père
et ma mère m'ont alors marqué à vie du sceau de
Saint-Michel-et-Chanveaux en me donnant mes
trois premiers prénoms : Pierre, pour Pierre
Gougeon, natif de Saint-Michel ; Eugène, comme
Eugénie, ma marraine, née à Saint-Michel, mais
aussi comme mon père, lui aussi de Saint-Michel-
et-Chanveaux, qui tenait lui-même ce prénom
d'Eugène Gohier, son parrain, également de
Saint-Michel ; et enfin Adolphe, le bûcheron de la
forêt de Chanveaux. Quant à mon patronyme, lui
aussi était indissolublement lié à Saint-Michel...

Il y avait intérêt à faire des « rêves d'or » au
moment de l'*Anschluss*, mais je crois que ce jour-là
mes parents, tout à leur bonheur, étaient sourds
aux bruits de bottes qui montaient d'Europe. Tout
en m'entourant de leur amour, ils voulurent néanmoins savoir ce qu'Hitler était en train de mani-
gancer et qui risquait de venir bouleverser leur vie.
Ils achetèrent un poste de TSF...

XII

À nouveau la guerre

Vingt-deux ans après l'armistice qui mit fin à la Grande Guerre, le 1er juin 1940, Eugène arrive au Chemin des Dames et prend ses quartiers dans des abris qu'utilisaient naguère les poilus. Il écrit à Alice pour lui indiquer sa nouvelle position :

> *Nous avons encore fait une petite marche, l'autre nuit, et nous voici maintenant sur nos positions. Comme positions, ce sont des vraies, je veux dire par là qu'elles sont très bien situées et bien agencées... C'est exactement comme pendant l'autre guerre, et en plus nous nous battons au même endroit que se sont battus nos pères et nos frères.*
>
> *Je suis à quatre kilomètres d'où a été tué mon frère Édouard en 1917. Et maintenant les Alle-*

mands n'avanceront plus. Ce n'est plus l'armée Corap [la 9ᵉ armée qui subit le choc de l'armée allemande dans les Ardennes et se soumit ; c'est elle qui porta en 1940 la responsabilité de la défaite] *qu'ils ont devant eux, ce sont des gars de chez nous, « des vrais Français », non des vendus. C'est la vie de tranchées et de gourbis, comme en 14-18... Nous sommes très confiants et je suis sûr que nous gagnerons... Les beaux jours reviendront et nous saurons en profiter. En attendant, patience et courage.*

Le lendemain, il revient sur cette nouvelle position qui suscite en lui tant d'évocations douloureuses :

Je suis à environ quatre kilomètres du Chemin des Dames. Et c'est donc au même endroit que nous faisons la guerre. D'ailleurs, je couche et nous couchons dans des gourbis de 14-18 que nous avons redébouchés. Ce sont des abris très solides et qui ne craignent pas pour ainsi dire l'artillerie.

Le surlendemain, il revient à la charge et conforte Alice dans le sentiment qu'il est un courageux soldat :

... Ton petit soldat fera courageusement son devoir pour revenir ensuite. Chéris ceux qui me

sont chers. Patience et courage. Reçois mes plus tendres baisers et dis-toi que, bien loin, un petit papa est privé des siens mais qu'il sera toujours courageux.

La boucle est bouclée avec ce tour du destin qui expédie mon père tout près de l'emplacement où son frère perdit la vie. Pour Eugène, Édouard a été omniprésent durant toute cette guerre. Blessé par les accusations de lâcheté qui couraient à mi-voix sur les anti-héros de la « Drôle de guerre », il avait à cœur d'apparaître, aux yeux de celle qu'il aimait, comme un valeureux combattant, à l'image de son frère. Il se battait avec Édouard pour emblème, modèle de héros. Lui aussi ne pouvait être qu'un bon Français.

Entre le début de septembre 1939 et le retour d'Eugène à Sablé en août 1940, Alice ne reçut pas moins de cent cinquante-deux lettres et cartes postales. Elle les a soigneusement rangées dans une de ces petites boîtes à fleurs qu'elle utilisait pour entreposer aiguilles, dés à coudre et ciseaux de couturière. Au terme de la lecture de cette précieuse et émouvante correspondance, il m'est apparu clairement que mon père avait décrit « sa guerre » avec beaucoup d'honnêteté et qu'il aurait pu se montrer plus à son avantage sans pour autant trahir la vérité. J'avais eu tort de me poser des questions sur « mon père, ce héros au sourire si doux… ». Il n'avait pas hésité à se porter volontaire pour des missions dangereuses, avait flirté plusieurs fois avec la mort, avait vu tomber nombre de ses compagnons au cours de cette phase de la guerre tombée si vite dans les oubliettes de l'Histoire.

Eugène avait été mobilisé à Mayenne au 130ᵉ RI, appelé encore le « Royal Mayenne ». Pour mieux comprendre certains passages de ses lettres, je suis allé visiter le modeste musée du 130ᵉ, situé à l'entrée de la caserne où il avait séjourné quelques jours, au début de septembre 1939. Les quelques photos, insignes, drapeaux et documents exposés m'en ont moins appris que le monument tout proche, avec sa devise : « Prêt à mourir pour la France », et, en dessous : « D'ici, le 2 août 1914, sont partis les soldats du 130ᵉ, du 330ᵉ RI et du 26ᵉ RIT. Ayez pour eux un souvenir ému. » Les cadres du 130ᵉ n'ont sans doute eu de cesse de rappeler aux mobilisés de 1939 l'exemple de leurs aînés. Quant à mon père et à ses compagnons, ils ont bien mérité la plaque apposée un peu plus bas, juste hommage à leur bravoure : « Et leurs fils sous les plis du drapeau du 130ᵉ repartirent en 1939 et se montrèrent dignes de leurs anciens. »

Avant d'arriver au Chemin des Dames, le 130ᵉ a d'abord été dirigé sur les Ardennes, puis en

Lorraine (secteur de Remeling-Veckring), et, à partir du 19 février, il s'est trouvé au contact de l'ennemi entre la Moselle et le Rhin, avec pour mission de renforcer la défense de la ligne Maginot et de tenir en outre, en avant de celle-ci, une position d'avant-poste, dite de « couverture » – en clair, la mission consistait à avoir l'ennemi dans le collimateur et, en cas d'attaque, de le maintenir à distance de la position fortifiée. Fin février, Eugène monte pour la première fois dans un avant-poste et y reste une huitaine de jours. Comme à son habitude, simplement et sans forfanterie, il rend compte à Alice de sa première nuit :

> ... *Les heures sont longues, surtout la nuit, mais tout s'est bien passé cette nuit... Enfin, c'est huit jours bien longs, mais qui seront tout de même vite passés. Et après...*
>
> *Je suis courageux et j'ai toujours le moral aussi bon.*
>
> *Je termine, car ma petite, ce n'est pas de la rigolade, et mon poste m'appelle.*
>
> *Reçois de ton petit poilu tout l'amour qu'il concentre pour toi. Bons baisers. Embrasse bien petit Pierrot, et avec lui demande au bon Dieu de vous préserver.*
>
> Votre papa.

Son « petit Pierrot » occupe dans ces lettres une place que je n'aurais pu soupçonner alors. Mais de cela je reparlerai en temps voulu …

Le dimanche 10 mars, Eugène écrit sa joie de s'en être sorti sain et sauf :

> *Pour nous tous, c'est un beau jour. Tu ne peux t'imaginer quelle joie, c'est la fête, chacun est heureux de son sort. Après avoir passé dix jours là-haut, on est tous très heureux de se retrouver sains et saufs. Dans notre compagnie, deux manquent à l'appel, mais passons…*

Après sa permission de Pâques, Eugène repart pour la seconde fois au contact des Boches. La météo est détestable : il neige et Eugène s'inquiète pour son fils : « Que dit Pierrot du départ de papa ? » Mais il tient bon et son moral ne flanche pas. Il écrit tous les jours. Au matin du troisième, il raconte le quotidien de ce qui est déjà une vraie guerre :

> *Maintenant c'est plutôt le jour qui est dangereux. Les messieurs d'en face nous envoient des obus percutants. Enfin, pas de victimes jusqu'à présent par ce genre de projectiles. Malheureusement, hier, un groupe de chez nous est allé faire une patrouille et nous avons perdu un frère d'armes, tué net…*

Le 1ᵉʳ avril, il affirme que la cinquième nuit a encore été très calme et qu'il a toujours bon moral. Eugène ment pour ne pas inquiéter Alice. Le lendemain, il lui confie enfin la vérité :

... Hier je t'écrivais, il était environ 1 heure de l'après-midi, et pour te dire le vrai mot je n'étais pas très rassuré, je savais que deux heures et demie plus tard je partais en patrouille, accompagné de mon lieutenant et de cinq autres camarades des plus hardis de la section. Je n'étais pas volontaire, mais c'était tout comme. Nous avions une mission dangereuse. En plus, c'était la première fois que la 4ᵉ section fournissait une patrouille. Aussi mon lieutenant a tenu à choisir ses hommes, nous n'étions pas obligés mais aucun de nous n'a voulu refuser. Tout s'est bien passé, mais je t'assure, j'étais bien content quand nous sommes rentrés dans nos lignes...

Très tôt, dans mon enfance, j'ai entendu le récit de cette dangereuse mission pour laquelle mon père s'était porté volontaire sans le reconnaître explicitement, partagé qu'il était entre l'envie de montrer son courage, tant à lui-même qu'à ses camarades, et le désir de ne pas apparaître aux yeux d'Alice comme une tête brûlée, ce qui l'eût immanquablement inquiétée − ce dont il ne voulait pas. Il était fier de cette mission où il avait eu « la vie sauve grâce à une taupinière » : il avait en effet reçu une balle en plein casque, alors qu'il se trouvait aux côtés d'un menuisier de Mayenne nommé Vital-Dutertre. Le compte rendu qu'il en fit à ma mère était très en deçà de la réalité.

J'ai en effet retrouvé trace de son lieutenant, un certain Guy Robert, qui se souvenait presque minute par minute de cette journée-là. Le capitaine Jacquesson, patron de la 6ᵉ compagnie, l'avait chargé de composer une patrouille avec des éléments sûrs de la 4ᵉ section, afin d'exécuter une mission « très dangereuse ». Les sept hommes devaient d'abord descendre à découvert dans le fond de la vallée, puis remonter sur l'autre versant, jusqu'à un petit bois, pour repérer où étaient postés les Allemands et tenter de savoir ce qui se tramait. L'ancien chef de la patrouille se souvient :

– Aux deux tiers du versant, les coups de feu ont commencé. On a trouvé des fils téléphoniques et on a repéré d'où venaient les coups de feu. Le mitraillage est devenu de plus en plus intense. On s'est mis en file indienne, moi clôturant la marche pour revenir vers nos lignes. Plus on montait, et plus ça tirait. À trente mètres de chez nous, les quatre premiers ont couru et réussi à rejoindre le PC. Le caporal Gouel, avec son fusil mitrailleur, et moi étions protégés par des mottes de terre. Les balles sifflaient de chaque côté de nous. Il était grand temps de trouver une solution. « Tu as le temps de sauter avant que les tirs deviennent précis ! crie Robert. – Je ne veux pas courir… » Il y avait un soleil formidable et, en même temps, un gros nuage qui approchait du soleil. J'ai pensé qu'au moment où le gros nuage obscurcirait le soleil, les tirs se feraient moins précis. J'ai donné le signal. Le caporal Gouel a bondi. J'ai bondi à mon tour. Nous sommes rentrés dans nos lignes sains et saufs. Une balle m'avait troué la capote. On m'a proposé une citation pour cette mission réussie. « Oui, à la condition que Gouel en ait une également. – Pas pour une si petite affaire. Vous vous rendez compte, deux citations ! ? »

Guy Robert a oublié mon père, mais il s'agit pourtant bien de la même mission décrite si souvent par le 2ᵉ classe Péan. Comme Robert et Gouel, mon père a eu la vie sauve grâce à ces mottes de terre que, meilleur connaisseur des choses de la campagne, il désignait comme des taupinières. Il se montrait beaucoup plus volubile que Robert pour décrire cette patrouille de tous les dangers, et ses mots étaient bien éloignés du langage châtié de Saint-Cyr. Il racontait avec fierté que la mission consistait en fait à « se faire tirer comme des lapins pour voir où étaient installés les fusils mitrailleurs des Boches ». La mémoire de Guy Robert, si précise pour décrire la mission, n'a pas été seulement prise en défaut à propos de mon père, elle a aussi omis le meilleur ami d'Eugène, un menuisier de Mayenne, Vital Dutertre, qui faisait lui aussi partie des sept volontaires.

Le 10 mai, les Allemands lancent leur offensive générale sur les Pays-Bas, la Belgique et le Luxembourg. Dans la matinée, les blindés du général von Kleist déboulent sur les Ardennes. Parmi eux, ceux de Guderian franchissent la frontière luxembourgeoise... Le petit soldat de Sablé comprend que, cette fois-ci, les événements prennent une tout autre tournure et poursuit inlassablement sa chronique qui va croiser la grande Histoire :

> *Guénange, le 10 mai 1940. – Hier, je n'ai eu le temps d'écrire que quelques mots en vitesse sur mon genou pendant que le vaguemestre classait les lettres. Toute la journée nous avions travaillé à préparer le départ qui devait être aujourd'hui. Mais, ce matin, les opérations militaires prennent de plus grandes envergures, surtout l'aviation qui aurait bombardé pas mal de nos villes ouvertes.*
>
> *Tu as dû le savoir par la TSF. Un petit pays pas loin, à quelques kilomètres, a reçu neuf bombes : des blessés civils. Alors, avec tout ça, notre départ est reculé...*

Il fait un temps superbe, très chaud. Je viens de voir un avion qui est tombé à quelques kilomètres et qui a été abattu par la DCA. J'ai bien sué. Il est vrai que je n'étais point forcé, mais c'était par curiosité. Il est criblé d'éclats. Ah, les salauds, si on les faisait seulement tous tomber, on en serait débarrassés !...

Dimanche 12 mai 1940. – Hier, j'aurais bien voulu te donner de mes nouvelles, mais je n'ai pas eu le temps. Sur ma dernière lettre je te disais que les opérations militaires prenaient beaucoup d'extension, surtout l'aviation qui profite du beau temps, mais sur terre c'est la même chose. Depuis le 10 au matin, ce n'est plus la même guerre que celle que nous faisions depuis huit mois. Tu as lu sur les journaux que les Allemands avaient envahi la Hollande, la Belgique et le Luxembourg.

Hitler, ce criminel de grande envergure, n'a pas encore fini de faire souffrir le monde, et les pauvres gens du Luxembourg sont à la merci de ce bandit. Hier j'ai aidé quelques-uns de ces malheureux. L'armée allemande est rentrée chez eux le 10 au matin en employant les parachutistes pour opérer plus rapidement, et les motorisés. C'est ainsi qu'ils sont arrivés près de notre frontière. Mais les Luxembourgeois, du moins tous ceux qui ont pu, ont fui devant l'enva-

hisseur, emportant simplement avec eux les choses indispensables qu'ils pouvaient faire suivre, les uns dans des baluchons sur leur dos, les autres sur des voitures à bras, et ceux de la campagne avec leurs charrettes et leurs attelages. Jamais je n'ai vu et on ne peut s'expliquer une affaire aussi triste. Dans le petit pays où nous étions hier, il est passé par la route pas des centaines de ces malheureux, mais des mille. J'ai entendu un chiffre approximatif : douze mille. Des gens avec des voitures à bras emportant un peu de linge et à manger. Mais le plus malheureux, le plus triste, c'étaient ces femmes, ces enfants de tous âges ; j'ai aidé une maman à pousser sa charrette, elle portait dans ses bras un bébé de huit jours et devait ainsi faire une marche de 25 kilomètres.

Et les vieillards ne pouvant plus marcher, et les infirmes : ma petite fille, c'est un spectacle qui m'a arraché le cœur. J'ai été très touché, car je pensais aux miens. Pauvres mamans !... Pauvres enfants !... Faut-il que ce Hitler soit lâche pour qu'il s'attaque aux innocents. Mais, mon amour, ma petite femme chérie, nous les vengerons, et peut-être aurons-nous la satisfaction de les faire souffrir, ces misérables. Prions Dieu et demandons-Lui qu'Il nous aide !

Au moment où je t'écris, c'est bientôt l'heure de la soupe. Je suis bien fatigué, car au lieu du repos que nous espérions, il a fallu beaucoup marcher pour arriver encore une fois dans la bagarre. Nous n'y sommes pas encore directement, mais nous sommes en réserve, à quelques kilomètres. La lutte est chaude, cette fois, et c'est la grande bagarre. Depuis avant-hier, l'artillerie tire presque sans arrêt.

Je te disais plus haut que j'étais fatigué ; dans la nuit du 10 au 11, nous avons marché, la journée du 11 j'ai aidé ainsi que beaucoup de camarades à pousser les voitures des évacués. Car, en passant dans ce petit pays, il y a une côte qui monte bien pendant deux kilomètres, alors nous prenions les voitures traînées par des femmes ou des vieux, et cela les reposait pendant la durée de la montée. Quand nous étions rendus dans le haut, nous descendions, et ainsi pendant tout le temps que j'ai été libre. Au soir, il a fallu se remettre en tenue et marcher une partie de la nuit pour arriver enfin où nous sommes. Mais, pour le moment, ne t'inquiète pas, je ne suis encore pas au contact direct... Soyons courageux !

Le 13 mai 1940, Eugène est parfaitement conscient des risques auxquels il va être exposé dans les prochaines heures, mais il essaie de ne pas inquiéter ma mère et sa lettre se clôt par : « Courage ! »

Le lendemain, il raconte toujours aussi sobrement la très douloureuse bataille à laquelle il vient de participer. Il en est fier, car il se dit français avant tout et tient absolument à le demeurer :

Le 14 mai 1940. — Je t'écris aujourd'hui plus tranquille qu'hier, car la journée du lundi de Pentecôte, j'en garderai toujours le souvenir. Je n'étais pas trop rassuré et il y avait de quoi. Mais j'ai heureusement passé au travers. La 6ᵉ compagnie a monté à l'assaut et nous avons eu des pertes, mais ton petit gars est là. J'ai été préservé, car quel malheur ! Je t'expliquerai de vive voix...

Maintenant, c'est la guerre et la grande ! Il faut espérer que nous les aurons, ces sales Frigolins, car je veux et nous voulons tous rester français...

Pour l'instant, nous sommes redescendus, car nous n'avons tenu que 12 heures environ, et ç'a été bien assez car il y a eu de la casse. Je vais te quitter en te redisant tout mon amour...

Et c'est signé « Eugène », puis « Courage ! ».

Vendredi 14 mai 1940. — Il est six heures de l'après-midi et nous nous reposons un peu dans un bois quelque part en France. Nous marchons depuis hier matin dix heures. Hélas, ce que je peux être fatigué ! Enfin, malgré tout, à force de marcher, nous

nous éloignons de l'ennemi et du danger aussi,
quoique l'aviation est toujours menaçante. Je me
demande où que nous allons... Pauvre France !
Enfin, espérons que nous ne soyons pas saccagés...

Le 16 mai 1940, mon père écrit du « milieu des bois », et revient sur la journée du lundi de Pentecôte qui l'a manifestement marqué :

> *Nous avons fait une grande bataille, et c'est la*
> *6ᵉ compagnie qui devait le faire. Nous avons réussi,*
> *mais, hélas, bien ne sont plus. En particulier le chef*
> *du Mans que j'avais rencontré à Sablé ; le malheu-*
> *reux était père de quatre enfants.*

Les jours suivants, Eugène ne livrera que peu de détails à Alice sur ce qui s'est passé ce lundi de Pentecôte sur les pentes du Hetschenberg. Les documents, lettres et annotations de mon père permettent néanmoins de reconstituer ces quelques heures, à l'endroit où la 6ᵉ compagnie du 130ᵉ RI, appuyée par le corps franc du capitaine Félix Grat, député de Laval, et deux sections de mitrailleurs, a perdu cinq officiers, vingt-cinq sous-officiers et soldats, tandis que trente étaient blessés.

Au moment où se déclenche l'offensive alle-mande, le 10 mai, la 7ᵉ division est sur le point de se retirer pour un repos bien mérité après avoir tenu tout un secteur en Lorraine pendant deux mois et demi. Mais elle est engagée dans la bataille qui commence dès le 12 mai, et ses avant-gardes s'établissent de part et d'autre de la frontière franco-luxembourgeoise. Le 13, dans la matinée, le 130ᵉ RI reçoit l'ordre de reprendre la crête du Hetschenberg, hauteur à l'est de Volmerange, sur laquelle l'ennemi a réussi à s'infiltrer et où il s'organise défensivement en creusant des éléments de tranchées. La 6ᵉ compagnie, commandée par le capitaine Jacquesson, un homme dont mon père parla toujours avec une réelle émotion, est désignée pour mener à bien cette contre-attaque. Jacquesson prend comme adjoint un personnage haut en couleurs, le capitaine Félix Grat, quarante et un ans, grand scientifique : chartiste de formation, il s'est spécialisé dans les manuscrits anciens et a créé l'Institut de recherche et d'histoire des textes. De surcroît, c'est un homme politique, il est député de Laval. Il aurait pu éviter d'aller au front. Or non seulement il a tenu à faire la guerre, mais il a mis en place et dirigé le corps franc du 130ᵉ RI. Comme tous les « guerriers », Jacquesson apprécie ce boute-en-train qui, le 11 mai, a déclenché un énorme chahut à la popote…

À 15 heures, Eugène et toute la 6ᵉ compagnie se dirigent vers le lieu de rassemblement. Grat et ses hommes rejoignent Jacquesson. Insouciants, les deux officiers devisent gaiement de choses et d'autres. Au moment de donner les ordres aux unités, le capitaine Jacquesson s'adresse au député :

– Mon capitaine, votre groupe franc va marcher sur ma droite ; je ne crois pas que vous soyez obligé de venir avec moi.

– Non, je vais aller avec mes gars du groupe franc, car c'est la première fois qu'il y a baroud véritable, et je tiens à être là s'il y en a qui prennent des gadins, répond Grat, souriant, avec un magnifique mépris du danger.

Les Allemands, qui ont observé la mise en place de l'attaque, déclenchent un terrible tir d'artillerie que les hommes de Jacquesson franchissent sans une égratignure. L'attaque proprement dite doit se déclencher derrière un barrage roulant de l'artillerie, mais les obus français tombent court et sèment l'affolement dans les sections de tête. Jacquesson et Grat partent en avant pour rétablir l'ordre. Grat crie des ordres à l'une des sections de tête, tend le bras vers l'ennemi et entraîne les hommes qui foncent en direction de la crête. Les Allemands ripostent violemment. Grat est l'un des premiers à atteindre la crête. Il lève le bras pour montrer à l'un de ses mitrailleurs un groupe ennemi installé dans une tranchée. Il tombe, atteint d'une balle en plein cœur. Jacquesson l'a perdu de vue depuis un certain temps. Il entend un de ses hommes dire : « Le capitaine est tué. » La bagarre se poursuit. Jacquesson est blessé, mais continue à diriger l'attaque. La cote 437 est prise à la tombée de la nuit. L'ennemi s'enfuit. Jacquesson trouve Grat mort, le bras levé, tendu… Cette fois, il manque beaucoup d'hommes à l'appel. Mon père a perdu son sergent, son caporal et plusieurs copains de sa section.

Alors que les soldats s'installent sur la crête, voilà qu'un ordre de repli arrive. La colère gronde parmi les soldats. Jacquesson blessé et cinq officiers tués, c'est au sous-lieutenant Ringenbach de diriger la descente de la crête. L'histoire officielle du 130ᵉ RI raconte que tous les morts du 13 mai sont restés sur le terrain et que, deux jours plus tard, un détachement les a ramenés vers l'arrière. J'ai retrouvé ce texte annoté de la main de mon père. Il commence par un *non* rageur, souligné deux fois :

> *Non, j'ai transporté sur mon dos le sergent-chef Gaillard que j'ai déposé près du capitaine Jacquesson, lui-même blessé, et le caporal-chef Valet. Tous les deux morts.*

Mon père bouillait de rage quand il évoquait ce lundi de Pentecôte. Non seulement parce que l'histoire officielle ne reflétait pas la réalité, mais parce que, à son grand dam, il savait que des gradés du 130ᵉ RI, planqués à l'arrière, avaient été décorés à la place de soldats combattants comme lui qui avaient pris tous les risques. Pour cette raison, il refusera plus tard de présenter les armes à un général, puis déclinera une médaille au prétexte qu'elle avait été salie et déshonorée par ceux qui l'avaient obtenue malhonnêtement. De retour à Sablé, il fera part de ses réactions au capitaine Jacquesson qui lui répondra :

> Certes, pour ce que vous me dites des citations de tout le régiment et pour ce qui concerne l'affaire du 13 mai, je suis au courant de tous ceux qui en ont profité pour se faire récompenser. Mais, de mon côté, je ne reste pas inactif et profite de ma liberté pour mettre au point certaines choses non exécutées, ou que l'on a oubliées par trop. La 6ᵉ compagnie, qui a montré tant au Wolscher qu'au Hetschenberg et à Pinon qu'elle a été la meilleure du régiment, doit être connue et récompensée comme telle. Elle a obtenu une citation collective pour le 13 mai, et je vous en envoie le texte... Vous pouvez toujours citer en exemple la compagnie pour faire taire ceux qui disent que le Français ne s'est pas battu...

Eugène quitte bientôt la frontière luxembourgeoise pour arriver, après un périple mouvementé, au Chemin des Dames où le Royal Mayenne va subir la violente offensive générale allemande déclenchée le 5 juin sur un front de 200 kilomètres de large, de la Somme à l'Aisne. Installé à quelques kilomètres de l'endroit où son frère Édouard est mort, il pense constamment à lui. Eugène veut être à la hauteur de son héros : « Si chacun de nous fait sa part, ma petite fille, nous aurons raison de ces barbares. La France vivra, car il y a encore de bons Français. »

Le 5 juin, l'offensive allemande est déclenchée à 3 h 45, après des tirs intenses de mitrailleuse sur le canal de l'Ailette et de violents bombardements d'aviation, d'artillerie et de mines sur toutes les positions tenues par le 130ᵉ. Les Allemands ont tôt fait de créer quelques têtes de pont. Les combats sont d'une violence inouïe et le courage des soldats ne compense pas, hélas, la supériorité numérique – quatre ou cinq contre un – ni l'avantage des armes. Toute la journée, les soldats ont entendu les ronronnements syncopés des moteurs d'avions allemands et ont en vain guetté un appareil français au-dessus de leurs têtes. Les stukas pouvaient sans crainte les bombarder cependant qu'un avion d'observation allemand signalait en permanence tous les mouvements du 130ᵉ.

Face à cette armée suréquipée, le régiment de Mayenne disposait bien de chars, mais tous dataient de la guerre de 14-18 et leurs canons s'enrayaient fréquemment.

La journée du 6 juin fut encore plus terrible, malgré les instructions du chef du régiment de résister sans esprit de recul et de combattre jusqu'à la mort. Vers 19 heures, le 130ᵉ est presque complètement encerclé aux environs du moulin de Laffaux où se trouve Eugène, si bien que l'ordre de repli est donné vers 22 heures. Beaucoup de soldats sont faits prisonniers et ce qui subsiste du 130ᵉ cesse le combat au début de la matinée du 7 juin. Les prisonniers du Royal Mayenne reçoivent l'hommage des officiers allemands pour leur vaillance.

Quid d'Eugène ?

Il fait partie du groupe de vingt-cinq soldats et trois officiers qui a réussi à éviter l'encerclement et qui fonce vers le sud. Soldats et gradés se regroupent pour constituer, quarante-huit heures plus tard, un détachement de près de cinq cents hommes qui vont livrer pendant quelques jours des combats d'arrière-garde.

Malgré ces va-et-vient désordonnés et le goût amer de la défaite, Eugène envoie le 8 juin une carte postale à Alice : « Depuis quelques jours, tu n'as pas de mes nouvelles. Ne t'inquiète pas, la santé est bonne. Malgré tout, je reviens de loin. »

Trois jours plus tard, et malgré la débâcle, il a reçu trois lettres de ma mère et y répond aussitôt :

« J'ai été pris dans la tourmente. Miraculeusement, j'en suis sorti. Je dis bien *miraculeusement,* car nous revenons si peu que je m'étonne d'être encore. [Eugène veut dire "encore en vie"] Je t'avais dit que les gars de chez nous, nous ne reculerions pas ! » Et il tient à faire part à sa femme qu'il s'est bien comporté au combat, comme jadis Édouard : « Mais, malheureuscment, *ils* ont été victimes de leur courage. Je dis *ils,* car moi, je suis parmi le nombre des rescapés. Dieu m'a protégé, et prions encore, remercions-Le ! »

Les combats continuent. Les 12 et 13 juin, le détachement déplore dix tués et vingt blessés.

> *Le 13 juin 1940. – Je t'assure, je n'écris pas tous les jours, mais chaque fois que je peux. Quelle catastrophe nous avons subie ! Pauvre 130 ! Pauvres copains !... Je les pleure. Hélas, pourrons-nous les venger ? Pour l'instant, nous ne pouvons plus rien, nous autres, les rescapés, car nous ne sommes plus qu'un tout petit nombre. Malgré tout ça, il faut toujours avoir confiance, prenons courage. Il faut espérer que de meilleurs jours viendront. Pour l'instant, je suis en assez bonne santé, malgré toutes les fatigues et les misères que nous subissons. Enfin, tout ça n'est rien ; être encore [en vie], c'est déjà beaucoup ! C'est tout.*

Le 13 juin dans l'après-midi, le détachement du 130ᵉ RI reçoit l'ordre de repli et ne participe plus aux combats. C'est au cours d'une retraite longue et pénible, effectuée souvent sans ravitaillement (du 7 au 17 juin, le détachement n'a reçu ni viande, ni conserves), que le détachement franchit péniblement la Seine à La Tombe, puis la Loire à Gien, enfin le Cher à Vierzon. Et c'est au prix d'étapes harassantes, dont une de 75 kilomètres, qu'il échappe, souvent de justesse, aux colonnes motorisées et blindées ennemies. À plusieurs reprises, troupes et convois subissent de violents bombardements d'aviation. La hampe du drapeau du Royal Mayenne est brisée, le 16 juin, lors du passage de la Loire, à Gien. Après un parcours de près de 500 kilomètres depuis l'Aisne, le détachement arrive le 25 juin dans la Haute-Vienne, à Saint-Priest-Ligoure, au sud de Limoges, où il apprend la nouvelle de l'armistice.

Pendant son séjour dans cette localité, du 25 juin au 8 juillet, le détachement est passé en revue, le 29 juin, par le général Weygand, commandant en chef. Cartes et lettres reprennent.

Le 7 juillet, ce qui reste du 130ᵉ RI défile une dernière fois, drapeau en tête, devant le général Hupel, commandant la division. Est-ce ce jour-là qu'Eugène Péan est resté l'arme au pied pour montrer son dépit à l'égard de ceux qui ont été décorés et qui, selon lui, ne le méritaient pas, parce qu'ils n'avaient pris aucun risque ?

Eugène se morfond, car il ne reçoit plus de nouvelles de ma mère. Il marche vers la Creuse, puis, quelques jours plus tard, vers l'Indre. Dans une de ses lettres, il fait le bilan des pertes du Royal Mayenne. Ils ne sont plus que trois cent cinquante :

> *Mais 350 en comptant tout, c'est-à-dire les combattants, les cuisines, la compagnie de commandement, enfin tout. Mais de combattants, de ceux qui sont au contact direct avec l'ennemi, nous sommes revenus à peine à 100 hommes. Et de mon bataillon, le 2ᵉ du 130ᵉ RI, nous revenons à 6 sur à peu près 700 hommes, ce qui fait à peine 1 sur 100. Je me demande parfois comment ça se fait que je suis encore là. Je m'imagine parfois 700 bouts de papier pliés et mis dans un chapeau, chaque bout de papier portant un nom, on en tire 6 et je suis de ceux-là. Vraiment, j'ai été préservé. Dieu t'a gardé ton petit gars. Aussi, prions !*

Le 10 août, Eugène est démobilisé à Châtillon, dans l'Indre-et-Loire. Il rentre enfin à Sablé. Ma sœur Annie naît neuf mois plus tard.

XIII

Du STO à l'après-guerre

Drôle de sensation que de voir se préciser petit à petit un nouveau portrait de mon père. De lui qui était tant aimé à Sablé je disais tout haut combien j'étais fier, et, dans le même temps, je n'arrivais pas à me dégager d'un sentiment diffus de honte à son endroit. Oui, j'avais un peu honte de mon père, en même temps que j'avais honte d'avoir honte. Contradictions d'autant plus pénibles à vivre que je suis d'un naturel très ombrageux face aux moindres signes de dédain à l'égard des *petites gens*. Certaines attitudes, voire une simple intonation me mettent hors de moi, car je me sens tout de suite touché, atteint par ce mépris.

Tous les jours de ma vie, je me suis astreint à ne jamais oublier mes origines. Je tenais pour important que mon père eût été fier de cette attitude en souvenir des générations de *gueux* qui nous avaient précédés. N'empêche, j'ai longtemps cru qu'il avait érigé de lui-même la barrière qui nous séparait. Nous échangions des paroles, mais nous ne partagions pas grand-chose. Au terme de cette enquête, je suis convaincu que je ne l'ai pas vu tel qu'il était, et que s'il était fier de moi, il a dû souffrir du regard que je posais sur lui, un regard qu'en lui-même il a dû probablement qualifier parfois de *bourgeois*. Analyser le regard qu'on porte sur son père, c'est aussi s'évertuer à se regarder soi-même. Il ne m'a pas été agréable de découvrir cette réalité-là. Je ne lui ai certes jamais manqué de respect, mais je ne lui ai pas exprimé l'amour et la tendresse qu'il méritait. Mon cœur est resté froid. La douleur, le vide ressentis à sa mort ne peuvent en aucun cas rééquilibrer de longues années de distance et cet indicible sentiment de honte dont il a sûrement souffert.

Quel choc de pénétrer dans l'intimité de mon père en lisant les innombrables lettres envoyées à ma mère et de découvrir tout à la fois l'amour fou qu'il portait à sa femme et à son fils ! Dans chacune de ces cent cinquante-deux lettres, il laisse s'exprimer sa tendresse pour moi, tremble quand je suis malade – apparemment, c'est souvent le cas –, s'ébahit devant mes progrès, chérit les photos me représentant, parle de moi à tous ses copains, me gratifie de diminutifs qu'il juge doux : je suis tantôt

Pierrot, tantôt petit Pierrot, Poulot, le petit Mimi blanc à qui il pense en permanence.

Cet amour ne fait qu'un avec celui qu'il porte à ma mère, et cela aussi est une révélation. Dans une de ses missives, il a dessiné trois cœurs entrelacés avec une lettre dans chacun d'eux : E pour Eugène, P pour Pierre, A pour Alice, et il a inscrit une légende en dessous : « Trois inséparables ». Dans une autre, il parle à la fois de son « plus grand amour » et de ses « deux êtres si chers à [son] cœur ».

Ma mère ne m'a jamais confié qu'Eugène avait été fou amoureux d'elle et qu'il le clamait sur tous les tons :

> *Je termine ma lettre en te redisant tout mon amour. Que d'amour concentré, ma petite fille ; qu'il sera doux de se redire de vive voix « Je t'aime » !... Je suis toujours le petit gars que tu connais...*

Ou encore :

> *Que ce sera bon de t'embrasser, de te câliner ! Je fais des rêves comme peut le faire un papa qui aime les siens. De rêver ainsi me donne le courage dont j'ai besoin, et le moral...*

Ou, dans la même veine :

> *Reçois de ton petit poilu l'amour qu'il concentre pour toi...*

Elle ne m'a pas parlé non plus de la délicatesse dont mon père fit preuve pour se faire pardonner la sécheresse de quelques-unes de ses réponses, lors de sa permission de Noël. Encore moins d'une lettre très intime et même « indécente » datée du 12 avril 1940, où il se montre au naturel dans son attachement à elle, à la fois prosaïque, lucide sur le cours de la guerre, prêt à se battre le plus vite possible pour rentrer à la maison, et toujours aussi fougueusement épris, au risque que cet amour ne déborde de sa chemise !

Le portrait s'affine au fil des lettres. On découvre son attachement à Sablé où il n'est pourtant installé que depuis trois ans. Il suit de près la vie de « sa » petite ville en lisant l'hebdomadaire *Le Commerce* et en se souciant de tous les nombreux Saboliens qu'il connaît. Il s'enquiert constamment du chiffre d'affaires du salon de coiffure, de la façon d'augmenter le tarif des coupes, de la gestion des ouvriers qui aident ma mère, devenue la patronne. Il émet des commentaires – « Je vois que vous avez bien travaillé… Le principal, c'est que tu arrives à vivre… » –, félicite ma mère, lui recommandant néanmoins de prendre soin d'elle. Sitôt après son incorporation, partout où il s'est trouvé, il s'est débrouillé pour couper les cheveux et raser la barbe des soldats et officiers du régiment. Il n'impose pas de tarif : à chacun de donner le pourboire qu'il veut.

Et il est fier de montrer à ma mère qu'il est non seulement bon soldat, bon poilu, mais que, même dans ces conditions, il arrive à bien travailler. Tantôt il reçoit 13,5 francs pour quatre coupes et 1 franc par barbe, alors qu'une autre fois, installé dans une ferme, les deux coupes faites aux jeunes fermiers lui rapportent 5 francs et deux grosses pommes. Pour mes parents, le travail était une valeur essentielle, et proverbes et maximes sur son importance – le goût du travail bien fait, les outils du bon ouvrier, l'avenir qui appartient à ceux qui se lèvent tôt... – ont été au fondement de mon éducation. Ils en étaient restés là-dessus aux enseignements contenus dans *Le Tour de France par deux enfants*, livre que j'ai toujours eu à portée de main dans mon enfance.

Mon père demande à ma mère de ne pas lui envoyer de l'argent, mais seulement des denrées qu'il a du mal à se procurer, comme du beurre et des rillettes. Son statut de coiffeur lui permet de se faire connaître et d'être apprécié de beaucoup de monde. À chaque déplacement correspond un nouvel endroit qui lui tiendra lieu de salon, y compris quand il est « tout près des Boches » et qu'autour de lui tout est dévasté (par les tirs allemands, mais aussi bien par des soldats français). Le 20 février, il repère un salon vide dans un village anéanti, il va chercher ses outils et « travaille comme chez lui. Il y a encore lavabos, glaces, chaises, vitrine, mais tout le reste est démoli. Que c'est triste pour ces gens qui ont quitté ainsi leurs logements !... Imagine-toi un peu quand même, si près de l'ennemi et je travaille encore dans un salon ! ».

Il en faut beaucoup à Eugène pour être perturbé par les dures conditions de vie du soldat. On l'a vu décrire avec beaucoup de sang-froid les différentes situations de guerre où il risqua sa vie ; il n'inquiète pas non plus ma mère par des propos alarmistes lorsqu'il évoque le froid et autres conditions dramatiques qu'il subit :

> Depuis un mois il fait ici un froid terrible, mais surtout, depuis quinze jours, ils ont enregistré 28° en dessous de zéro. Et depuis le temps, les camarades ne font absolument plus rien. Ils restent couchés toute la journée. Mais il faut voir, la paille n'a jamais été changée depuis deux mois, alors ce n'est plus que de la poussière. Ils se lèvent juste pour manger, car ça continue, et je me demande jusqu'à quand, sûrement jusqu'au dégel. Et manger quoi ? Du pain gelé : nous le coupons avec une scie et nous le mettons entre nos jambes quand nous sommes couchés, là il dégèle et nous pouvons le manger. Le reste, c'est comme avant, ce n'est pas de la bonne nourriture.

Après une nouvelle description portant cette fois sur la corvée de bois, sur ce qu'il observe et ce qu'il vit,

Eugène laisse sa plume courir sur la feuille blanche malgré l'inconfort fréquent de son salon d'écriture (« Pour écrire, je suis au pied d'un chêne et mon genou me sert de table… C'est la guerre ! » écrit-il au printemps 1940) et il philosophe sur la vie, la condition humaine, le courage et le sens du devoir :

> *Aucun d'eux n'a refusé de participer à cette corvée, car il faut bien du bois pour faire du feu, et du feu pour faire cuire la nourriture et se chauffer. Mais ces hommes ont tous fait des réflexions, et ces hommes, je les ai entendus car j'étais l'un d'eux : Qu'il est triste de vivre ainsi !…*
>
> *Tous sont courageux et veulent faire leur devoir, mais tous souffrent loin des leurs. Il y a des caractères qui ne le font pas voir, il y en a qui le font voir mais qui ne l'admettent pas, par fierté. Je disais l'autre jour à un camarade qui est rentré deux jours après moi et que je voyais songeur : « Tu as le cafard, Marcel. » Il me répondit oui, et comme je voulais savoir le pourquoi, il me dit : « Chez moi, j'aime la petite femme que j'aime. » J'essayai de le consoler.*
>
> *Ce matin, moi aussi j'ai fait une corvée de bois, et comme ce camarade j'étais songeur, le cœur me faisait mal.*

Dans les nombreuses descriptions qu'elle reçoit de lui, ma mère, si sensible et effrayée par tant de choses, a même droit à la présence des souris dont elle a si peur :

> *Mais nous avons de vilains camarades de gourbi, des souris et des rats qui nous embêtent passablement. Quand nous sommes de faction, ils font du bruit qui nous gêne pour bien entendre l'ennemi s'approcher, et quand nous sommes couchés, ils nous courent sur la figure !*

Eugène a la particularité de saisir et jouir des bons et rares moments qui se présentent, tout en sachant que ces petits bonheurs sont éphémères et toujours menacés : « C'est la vie de château, mais ça ne va pas durer. Enfin, on en profite ! »

Le portrait qui surgit au fil des lignes de sa belle écriture – je n'ai pas dit de sa bonne orthographe ! – a été affiné par les propos de quelques témoins de sa jeunesse. D'abord ceux d'Alexis Joly qui l'a bien connu jeune homme et le décrivent « toujours prêt à rendre service… plein de vie… Oui, il représentait la vie… Eugène était mal vu du curé… Il était sûrement socialiste… », propos confortés par ceux d'un de ses anciens ouvriers, Maurice, pour qui il ne faisait aucun doute que, tout le temps qu'il travailla pour lui, il était anti-clérical et de gauche...

Or, si son besoin de communiquer, de se préoccuper des autres, de les aider, de râler contre les injustices, de prêcher l'optimisme, entre beaucoup d'autres traits, reste tapi dans un repli de ma mémoire, l'image que je me suis faite de lui pendant toute une partie de ma vie ne coïncidait pas avec ce portrait qui m'est progressivement apparu au fil de mon enquête.

Que s'est-il donc passé ?

Je n'ai et n'aurai jamais là-dessus aucune certitude. En effet, ma mémoire s'est comme arrêtée de fonctionner « normalement » après la guerre, je n'ai pas gardé suffisamment de souvenirs pour reconstituer les causes du changement d'ambiance progressif mais complet survenu à la maison.

Entre 1940 et fin mai 1944, joie, tristesse et colère règnent à la maison, puis mon père, après avoir ignoré pendant presque un an la convocation au STO et gagné encore un mois en se faisant saigner les dents, décide enfin, craignant des représailles contre sa famille, de se mettre en route pour l'Allemagne. Durant cette année-là, la peur, l'angoisse, la détresse s'installent. Maman, qui, comme en 1939-1940, est redevenue la patronne du salon de coiffure, fait face, ainsi qu'on l'a vu, à de terribles épreuves et à un état de dépression quasi permanent.

Puis Eugène revient d'Allemagne. Que se passe-t-il alors ? Mes notes à l'école chutent subitement, mes cahiers bien propres laissent place à des pages semées de pâtés, de ratures…

Le coiffeur de Sablé a retrouvé sa place, son énergie, et il éprouve un irrépressible besoin de la dépenser. Je parviens encore à cueillir quelques brins de bons souvenirs dans les années d'immédiat après-guerre, mais s'installe bientôt un sentiment diffus de tristesse et de monotonie. Puis l'atmosphère devient pesante (même si je ne suis pas certain que ce soit le bon adjectif…), faubourg Saint-Nicolas, les rires s'estompent, l'ambiance est plus sérieuse, parfois tendue. La joie de vivre s'est envolée. À part ma passion pour le vélo et pour mes idoles de la « petite reine », c'est l'ennui qui domine. J'ai peur de gêner, de parler trop fort, de n'être pas à ma place ; je deviens soucieux du regard des autres, dépendant du qu'en-dira-t'on si cher à ma mère, je vis dans la crainte du péché et du regard de Dieu. J'éprouve un sens aigu – ridicule ! – du ridicule. Un sentiment diffus de honte à l'endroit de mon père s'est installé en moi. Est-ce lui qui a changé ? Du haut – ou du bas – de mes années, je considère avec mélancolie ce jeune garçon qui ne savait plus regarder en face celui qui lui avait pourtant fait la courte échelle.

Au début des années 1950, une page se tourne à mon insu juste avant que je ne quitte la maison pour un pensionnat religieux à Angers. Mon père range définitivement son accordéon. Je ne m'en suis pas tout de suite rendu compte, tout occupé que j'étais à paraître « moderne », aimant – ou feignant d'aimer – Sidney Bechet, avec *Petite Fleur* et *Nuages*, et trouvant alors ringards l'accordéon et le musette... L'âme de mon père et sa joie de vivre ont déserté la maison. Le fil d'Ariane qui nous reliait à Adolphe, celui qui égayait les huttes de la forêt de Chanveaux avec ses mélodies entraînantes, est en train de se rompre. Et ma mère, sans en être consciente, abonde dans ce sens puisque, peu après, elle fait don de son violon à Pierre, son neveu et filleul. Un violon qui, on l'a vu, nous reliait aussi à Adolphe, le violoneux de Saint-Michel-et-Chanveaux. En quelque sorte, Alice et Eugène ont déposé leurs instruments à leurs pieds, ils ont déposé les armes comme on capitule après une bataille perdue, celle du rêve et des illusions d'une belle vie à deux.

À leur corps défendant ils transportaient de bien lourdes valises qu'ils ont cru pouvoir abandonner en se rencontrant : ma mère en quittant Combrée et ses pesanteurs familiales ; mon père en répudiant sa famille et son milieu. Mais les secrets et les terreurs enfouis ne se laissent pas si facilement effacer, et, par un enchaînement mystérieux, tenaces, ils ont fini par les rattraper.

J'ai ainsi appris que mon père venait régulièrement sillonner les lieux de sa jeunesse, rendant ponctuellement visite à de vieux amis. Le mot « répudiation » que j'ai employé pour qualifier la lettre envoyée à celle qui était encore sa fiancée n'est probablement pas le bon. Avait-il honte lui aussi de sa famille ? Je ne le crois pas. Toujours est-il qu'il voulait rompre avec la terrible malédiction de la misère et nous en prémunir. J'ai en effet découvert que s'il nous parlait volontiers des conditions de vie très difficiles de sa jeunesse, de l'extrême frugalité des repas, de son embauche comme *bicard* à sept-huit ans, il ne disait mot d'une autre tragédie de la misère qui avait particulièrement affecté sa famille : la *folie*.

C'était honteux d'avoir un et à plus forte raison plusieurs fous dans sa famille. Dans mon enfance encore, parler de Sainte-Gemme (l'asile d'aliénés du Maine-et-Loire, à présent rebaptisé Cesame, Centre de santé mentale angevin) équivalait à évoquer l'enfer. Or, j'ai découvert qu'une cousine et une sœur de la mère d'Eugène étaient mortes à Sainte-Gemme, et que d'autres membres de la famille avaient aussi été atteints de graves troubles mentaux. Les dossiers de Désirée et d'Eugénie, nées toutes deux Belsœur, fournissent des informations précises sur ces effets dramatiques de la misère matérielle et mentale.

Désirée, sœur de ma grand-mère Joséphine, avait été abandonnée, comme ses sœurs, par son père, déséquilibré et alcoolique, après que sa mère fut morte en couches. Probablement maltraitée – comme Joséphine – dans son enfance, elle se marie avec un domestique de ferme et s'installe à Vergonnes, petit village situé à quelques kilomètres de Saint-Michel-et-Chanveaux. Après la perte d'une fille, elle sombre dans un profond chagrin, devient alcoolique et verse dans la folie. Elle se croit persécutée par son mari et son entourage, craint de manger car elle a peur d'être empoisonnée, a des hallucinations auditives (elle voit et entend le Bon Dieu et le Diable), parle toute seule toute la sainte journée et, comme le note un médecin, a des idées de grandeur – elle veut acheter tout ce qui lui tombe sous les yeux –, le tout accompagné d'accès furieux contre ses proches... Désirée est morte alors qu'Édouard avait huit ans, soit huit ans avant la naissance de mon père. A-t-il entendu parler des malheurs de Désirée ? Ceux d'Eugénie n'ont pu en tout cas lui échapper.

Eugénie Gohier était en effet la maîtresse de maison de la famille la plus proche des Péan. Elle habitait Saint-Michel-et-Chanveaux et son fils Eugène était le parrain de mon père. Cousine de ma grand-mère, elle avait connu, comme elle, une enfance terrible à Carbay, village voisin, avec des parents qui présentaient déjà tous les signes du dérangement mental, aux côtés d'une sœur dans un état similaire au sien... Elle a commencé à boire assez tôt, fait plusieurs fausses couches, et été très affectée, pendant la guerre de 14-18, par la mort au front de son père et par celle, accidentelle, d'une fille de trois ans, par sa propre faute. Eugénie s'est mise à boire davantage et à être prise de crises de plus en plus violentes. Elle croyait entendre des femmes qui venaient trouver son mari. Un épisode marqua la famille encore plus que ses accès de violence : un jour que son fils, futur parrain de mon père, était à l'école de Saint-Michel, sa mère prépara son lit comme si l'enfant était mort, puis s'y coucha elle-même... On l'enferma une première fois pour huit mois à Sainte-Gemme. Tout le village était évidemment au courant... Eugénie revint ensuite à la ferme de Bois-Guillaume. Elle se mit à boire de plus belle, de plus en plus agitée. Persuadée que tout son entourage lui en voulait, elle tenait à son endroit des propos grossiers et avait des hallucinations visuelles, mais, au lieu de voir le Diable et le Bon Dieu, comme sa cousine Désirée, c'étaient des vipères et autres bestioles répugnantes. Et à force de vouloir tuer son mari pour pouvoir convoler avec un homme plus jeune, elle fut de nouveau enfermée pour *delirium tremens* à Sainte-Gemme, cette fois pour de bon… Elle y mourut en 1943.

Mon père jamais n'en parla à la maison : sa « valise à souvenirs » pesait également très lourd…

Est-ce à cause des secrets qu'elle contenait et que je n'ai bien sûr pas tous trouvés qu'Eugène – poussé aussi par ma mère ? – s'est mis à questionner des hommes d'église sur le dogme catholique ? Tourmenté par le sens de sa vie, il s'interrogeait sur Dieu, le Christ. Alité à la suite d'un accident de voiture, il s'est mis à lire la Bible. J'ai également appris qu'il eut des discussions passionnées avec un missionnaire, sur la foi et plus spécifiquement sur la réincarnation à laquelle il n'arrivait pas à croire…

Parti de la maison, je n'ai jamais abordé ces sujets avec mon père. Nous n'avons jamais eu d'échanges personnels, profonds ; nous n'échangions que sur des sujets politiques. Il exprimait souvent sa rage envers les élus et les technocrates qui écrasaient les petits artisans. Il mit ainsi des années à « digérer » une amende exigée par le fisc au prétexte qu'il avait oublié d'afficher ses tarifs dans la vitrine. Plus généralement, il estimait que les « gros » ne faisaient qu'écraser les « petits » comme lui…

En vieillissant, son énergie est retombée. Il le supportait mal, mais sut compenser cette baisse de tonus par une pratique intensive de la pêche à la ligne que ma mère, dans sa sagesse, s'est mise à aimer et partager avec lui. Ils ont vieilli ensemble, allant de conserve à la messe, pêchant, chantant et jouant des pièces folkloriques... Ils ont encore fêté leurs cinquante ans de mariage. Et mes yeux se sont embués, moi, le républicain, quand Alice a entonné « sa » chanson chouanne :

> *Ont visé le cœur de Charette...*
> *Ont trouvé celui qui t'aimait*
> *Et je vais mourir, ma pauvrette*
> *Pour mon Roy, ma mie Annette,*
> *Et tu ne recevras jamais*
> *Tes petits mouchoirs de Cholet...*

Elle emportait partout avec elle son lot d'histoires de cape et d'épée, mais aussi le poids de ses drames secrets.

Mon père est mort foudroyé, une gaule à la main, face à la mer, dans le port de La Turballe, ma mère à son côté... Celle-ci ne s'est jamais remise de son départ et l'a mué en icône. J'ai retrouvé une lettre écrite par elle à son intention deux ans après sa mort :

> *10 septembre 1989. – Tu sais, papy, ça fait deux ans aujourd'hui que tu nous as quittés et tu ne peux pas savoir comme tu nous manques, et combien tu*

comptais pour nous ; aussi je viens bavarder avec toi, mais je te demande, si tu le peux, aide-moi, car je viens de passer une période difficile. Aujourd'hui, pourtant, je m'estime gâtée par nos enfants qui m'ont téléphoné, ça fait chaud au cœur. Hier, j'ai mis une fleur au cimetière... À une autre fois. Je t'embrasse tendrement.

Le lendemain, elle écrivait encore quelques lignes pour dire au défunt que son fils ne l'oubliait pas, puisqu'il lui avait demandé de récupérer quelques-uns de ses outils de coiffeur.

Non, je ne l'oubliais pas, je ne les oublie pas.

XIV

Chez les Terrien

Si j'ai mené cette enquête familiale avec les mêmes techniques que celles que j'utilise habituellement pour des sujets moins intimes, je n'ai en revanche pas compris d'emblée les vrais motifs qui me poussaient à l'entreprendre.

De la même façon que l'oncle Édouard m'a entraîné subrepticement vers son frère Eugène, entre deux gavottes Adolphe m'a chuchoté, le 22 juin 1907, que les destins des trois Alice (Terrien, Palierne, Gougeon) allaient bientôt être imbriqués pour le meilleur et pour le pire. Et que les lourds bagages que les familles, de part et d'autre, traînaient depuis des générations allaient nécessairement se mélanger. Sans qu'il en ait vraiment conscience, Eugène Péan a ainsi été imprégné par l'héritage – connu et inconnu – d'Alice, si bien que la quête de mon père passe aussi par celle de ma mère. Au terme de cette recherche, je suis donc bien obligé d'aller au-delà des faux-semblants et de reconnaître qu'en cherchant mon père, c'est aussi moi-même que j'ai tenté de trouver. Dès lors, ériger des barrières artificielles entre les histoires de l'une et l'autre branche familiale n'avait plus aucun sens. Au reste, un peu à mon insu, j'ai déjà entraîné le lecteur à Juigné-des-Moutiers, à quelques pas des limites de Saint-Michel-et-Chanveaux, pour raconter « Alice n° 3 ». Je n'ai donc aucune raison de m'arrêter en si bon chemin.

Quatre feuillets jaunes, gribouillés, pour reconstituer le code d'accès de la mémoire verrouillée de la famille Terrien. Bien m'en avait pris de griffonner quelques notes pour tenter de pouvoir revivre, un jour, ce que je sentais être des moments d'une particulière intensité et d'une grande importance pour la compréhension de ma propre histoire ! Sans ces petites traces, le coffre du passé se serait refermé à tout jamais. C'est en me mettant sur la piste de l'oncle Édouard que j'ai retrouvé ces quelques pages jaunies.

J'avais presque oublié ce douloureux épisode survenu au début des années 1990. Ma mère avait eu un accident de voiture et, après un bref séjour à l'hôpital de Laval, on l'avait rapatriée à l'hôpital de Sablé. Alice était allongée dans une chambre si impersonnelle que je n'en ai gardé aucun souvenir, si ce n'est qu'elle possédait une belle vue sur la campagne sabolienne, comme une échappatoire au drame qui se jouait. Je suis venu l'y voir à quatre ou cinq reprises. Je croyais que son état était la conséquence directe de son accident, alors que je suis convaincu aujourd'hui que cet état était en réalité la cause immédiate de l'accident. Depuis la mort de mon père, Alice se battait contre l'inexorable exode de ses souvenirs, une mémoire fuyante qu'elle parvenait de plus en plus difficilement à retenir. Pour ce faire, elle notait tout : ses tâches quotidiennes, les itinéraires à suivre, et jusqu'à la façon de passer les vitesses de sa voiture...

Lors de ma première visite, j'avais bien remarqué qu'un grand désordre régnait dans sa tête, mais dans le même temps Alice ne s'était jamais montrée aussi bavarde. Je regrette amèrement de n'avoir pas reconstitué sur-le-champ la totalité de ses propos à partir des quelques bouts de phrases jetés sur mes feuillets. C'est d'autant plus impardonnable que je sentais bien que je vivais là un moment crucial. Toutes ses défenses avaient sauté : Alice me livrait ses secrets par bribes avant de sombrer dans le silence.

Pendant une quinzaine d'années, mes pauvres notes ont dormi en l'état. Avant de tenter de reconstituer ce qu'Alice a alors voulu (ou non) me transmettre, quelques images surgissent comme autant de flashes. Et c'est dans le désordre qu'elles affluent de ma mémoire.

Alice, à genoux, s'évertuant à nettoyer des taches imaginaires, frottant et refrottant désespérément un sol propre avec la dernière énergie...

Alice, si prude, dans une posture invraisemblable, jambes en l'air, chemise de nuit retroussée jusqu'aux hanches, et des phrases terribles qui jaillissent de sa bouche : « Je ne sais pas qui je suis, je ne sais pas ce que je sais... » Puis, tout à coup, saisie d'une incommensurable tristesse, me disant : « Ah, mon petit Pierrot, je suis lasse d'exister ! »

Lors de ma visite suivante, elle fond en larmes et murmure : « C'est fini. Je ne suis pas dans ma peau... »

Pour l'aider à se repérer dans le dédale de ses souvenirs, je lui présente des photos. Elle a gardé toute sa lucidité sur les cinq premières années de sa vie à Juigné-des-Moutiers, et énumère ses peurs dans l'ordre habituel : « Quand je suis née, j'ai eu peur d'une souris... » Mais, sitôt qu'elle quitte le Pavillon, le petit hameau où elle est née, tout s'embrouille et d'incontrôlables frayeurs l'assaillent. Elle donne l'impression d'être la proie de forces qui la tiraillent, l'écartèlent pour la déconstruire. Elle tente désespérément de rassembler des lambeaux de sa mémoire qui se disloque et lutte pour redonner à ce chaos l'ordre qu'elle pense être le bon. Des expressions reviennent dans sa bouche comme « faire partie… », « sauve-moi, il y a un bourdon qui tourne autour de moi… », et, telles des litanies, rythment ce lamento désespéré.

Ses phrases restent en suspens, au bord de ses lèvres, elles lui échappent, inachevées, dans un souffle dubitatif où perce de temps à autre une lueur d'humour : « Comme dit l'aveugle, on verra bien ! »

Et revient inlassablement l'histoire de la *veillette* sur laquelle elle marchait et *tirait à renard*, terrorisée par la vue des trous noirs que dessinaient d'anciennes carrières remplies d'eau.

– Je me trouvais belle, mais je ne pouvais le faire valoir à cause de tout ce qui se passe.

– À quoi penses-tu, maman ?

– À tous mes trous… C'est pas facile à dire…

Je me sentais impuissant à empêcher l'inexorable, sa vie consciente m'échappait comme une eau quitte son cours. Espérant malgré tout retenir quelques traces de ces instants précieux, je lui ai tendu une feuille de papier jaune et mon stylo pour qu'elle écrive : « J'aime ce que je pense lorsque ça ne me dérange pas, mais il est utile autrement utile… » Puis, comme déconnectée, sa pensée reste en suspens. Elle tente encore de la reconnecter :

« ... ainsi, par exemple, lorsque ça ne me dérange pas ». À nouveau je ne peux décrypter les mots qui suivent : « rapport deux ps », suivis de deux points pour réintroduire sa terrible peur d'enfant : « ... et la petite veillette ».

J'ai aussi précieusement consigné ce qu'elle n'a pu écrire mais qu'elle a prononcé pour conclure, me semble-t-il : « Voilà ce que je pense... »

Elle me parle alors d'Annie, ma sœur, « une petite femme bien gentille qui avec son mari... », et elle me remet ainsi en mémoire une histoire que j'avais oubliée à propos des raisons ayant présidé au choix de son prénom. Parce que Anne est la patronne de la Bretagne et que nous étions allés, gamins, au pardon de Sainte-Anne-d'Auray ? Que nenni ! La personne pour qui ma mère éprouvait une admiration sans bornes était un professeur qu'elle avait eu à Angers, de seize à dix-huit ans, à l'école professionnelle de la rue Fulton, pour apprendre le métier de couturière. Elle s'appelait Annetta Liesch. Pour Annetta, Alice a rompu la tradition familiale en ne transmettant pas son propre prénom, mais celui d'Annie. Son amour pour Annetta fut plus fort que celui qu'elle portait à sa mère, plus fort que son attachement à la famille Terrien. Jusqu'à la guerre, Alice a correspondu régulièrement avec Annetta, qui était juive. Après la fin des hostilités, elle lui a envoyé une très longue lettre dans laquelle elle lui racontait sa vie depuis 1939, la mort de ses père et mère, les maladies graves d'un de ses frères et de sa sœur, la naissance d'Annie et le sens de son prénom... La lettre lui est revenue de Suisse avec la mention : « Inconnue à cette adresse. » Qu'était devenue Annetta ? Ma mère s'est souvent posé la question. J'ai à mon tour cherché et n'ai pas trouvé.

Dans cet imbroglio, Alice a encore laissé échapper trois secrets qui la tourmentaient depuis toujours.

Ainsi, à l'évocation du marchand de bois qui avait tenté de violer sa mère, elle m'a lancé brusquement : « J'en parle pas, car c'est un salaud ! », vocable que j'entendais pour la première fois dans sa bouche. Et elle ajouta : « On n'en a pas parlé dans le livre. » Quand elle dit « le livre », elle voulait parler de celui intitulé *Les Chapellières*, largement consacré à sa famille maternelle. J'ai compris – ceci m'a été confirmé par l'enquête menée ici auprès des miens – qu'Alice avait été terrorisée à l'idée que je pusse révéler dans cet ouvrage certains épisodes familiaux particulièrement lourds. Sa plus grande frayeur concernait l'« affaire Alexis ». Inconsciemment, elle m'avait incité à écrire « le livre » pour que je ne parle que des « bons » Terrien, façon de gommer définitivement la « face cachée » de son histoire familiale.

Alexis était le fils qu'Alice Terrien avait eu plus d'un an après le décès de son mari. Qui donc était le père ? Dès qu'on prononçait le prénom d'Alexis dans la famille, on se mettait à parler à voix basse et à prendre des airs de comploteur. Le malaise était perceptible même pour nous, les enfants... « C'était le fils d'une personnalité... », disait l'un. « Non, le fils d'un cultivateur du nom de X... », rétorquait l'autre. Quant à moi, je ne sais plus qui m'a soufflé cette information ou cette rumeur : « Alexis était le fils du sous-préfet de Segré. » Je n'ai trouvé à ce propos qu'un maigre indice qui n'est évidemment pas une preuve, tout juste un élément troublant : en 1905-1906, le prénom du sous-préfet de Segré était bel et bien... Alexis !

Alice Gougeon, ma grand-mère, demi-sœur d'Alexis, a toute sa vie supporté sa mère et son fils Alexis comme une croix, et imposé à ses enfants de partager le poids de cette « faute » tout en ne leur donnant avec parcimonie que des bribes d'information sur les contours de celle-ci. « C'est triste, quand il faut avoir honte d'une mère », écrit une sœur de ma grand-mère dans une lettre datée de septembre 1939, trouvée parmi les archives familiales. La missive s'étend longuement sur la conni-vence existant entre Alexis, devenu alcoolique, et sa mère pour monter de très mauvais coups. Il se passe alors de « drôles » de choses à Noëllet, hameau situé seulement à trois kilomètres de Combrée, où Alice Gougeon exerce la profession de sage-femme et est devenue une personnalité sévère et respectée…

Elle attendra que son fils Armand ait vingt-cinq ans pour lui parler de la « faute » de sa grand-mère Terrien. Armand ne sait d'ailleurs pas comment « gérer » cette information. Alors qu'il « fréquente » celle qui va devenir sa femme, un cousin de sa fiancée a préparé une liste de questions inquisitoriales – démarche fréquente à l'époque – auxquelles il doit répondre. Perplexe, il s'interroge : doit-il avouer la « faute » de la grand-mère ? Il écrit à son frère aîné pour lui demander conseil : « Explique-moi la marche à suivre sur cette question principale, et ensuite, si tu veux, sur la mort des grands-parents. »

En sus de la « faute » de la grand-mère, y aurait-il un autre secret, relatif cette fois à la mort des grands-parents ? S'il en est un, il n'est pas parvenu jusqu'à moi, pas plus d'ailleurs qu'à mes tantes ou à mes cousins et cousines.

Je sais seulement que, pour atténuer la « faute » de sa grand-mère, ma mère racontait une histoire rocambolesque au sujet du décès du second mari d'Alice Terrien. Il serait mort à la guerre de 14-18 quelques mois avant la naissance d'Alexis, et sa veuve, malgré les difficultés, n'aurait pas voulu avorter. Détail fâcheux : son mari était mort *neuf ans* avant le déclenchement de la guerre !

L'« affaire Alexis » va empoisonner durablement la vie de la famille quand ledit Alexis, en juillet 1941, se voit condamner à quatre ans de prison pour avoir abusé de sa fille aînée. Quatre ans seulement ! En évoquant la personnalité douteuse de sa mère, les gendarmes de Combrée auront fourni au tribunal des éléments tenant lieu de circonstances atténuantes pour Alexis. Avec cette condamnation, c'est la foudre qui s'abat sur la famille. Alice, ma mère, qui a accouché d'Annie moins de deux mois avant le verdict, en est si perturbée qu'elle laisse son bébé se déshydrater et, sans l'intervention d'un voisin, Annie ne serait probablement plus de ce monde. Pierre Gougeon, mon grand-père, le mari de la sage-femme, certes usé après une vingtaine d'années passées au fond des mines d'ardoise de Bel-Air de Combrée, meurt un an après la condamnation. Armand, le deuxième fils Gougeon, phtisique, se bat contre la mort. Et Alice Gougeon, ma grand-mère, succombe en août 1944, à l'âge de cinquante-six ans, alors que sa deuxième fille est entrée à l'hôpital d'Angers pour soigner une grave tuberculose… Quant à Alexis, il sort de prison en 1945 et y retourne quelque temps plus tard après avoir abusé de sa seconde fille. Il est condamné à perpétuité quelques mois après la mort d'Alice Terrien, sa mère.

Notre génération a maquillé la peine d'Alexis : nous croyions qu'il la purgeait au bagne de Cayenne alors qu'il n'a jamais quitté la métropole... L'exotisme permettait probablement de jeter un voile pudique sur l'indicible. Personne ne s'étendait sur ce sujet tabou. Il n'était point nécessaire d'en parler, puisqu'il était, à des degrés divers, omniprésent en chacun des membres de la famille.

Ma mère et mes oncles et tantes ont tous eu des rapports compliqués avec leurs filles, tout en développant une extrême religiosité. Ils avaient tout simplement du mal à prendre leurs filles dans les bras. Par peur inconsciente d'être entraînés dans le péché, de commettre l'irréparable ? La génération suivante n'a pas été complètement épargnée par ces affres...

Dans ses ultimes moments de lucidité entre deux délires, ma mère évoquait encore l'« affaire » en parlant de ce « salaud d'Alexis ». Il fallait que le traumatisme eût été particulièrement fort pour qu'elle utilisât un tel mot qu'elle n'employait jamais. « Je m'en souviens et ce n'est pas un bon souvenir... C'est un type qui a fait du mal aux autres, mais il a été malheureux... Il a payé. » Par là elle reprenait les propos de sa propre mère. Dans une lettre que la sœur cadette de ma grand-mère avait envoyée à son frère aîné, j'ai ainsi retrouvé ce passage :

... Tout cela ne m'empêche pas de bien prier pour ceux de Noëllet, y compris pour cet adorable Alexis, car en effet, il n'est pas entièrement fautif... Tout découle de son éducation première, car je me souviens bien de ce que maman m'avait dit à ce propos...

Entre des propos apparemment incohérents mais criants de vérité, Alice me confia que l'« affaire Alexis » n'avait pas surgi de nulle part en ce début du XXe siècle, mais qu'elle prenait plutôt racine, plus d'un siècle auparavant, dans un drame survenu à Issé, sur les terres des Defermon, alors maîtres des Terrien. J'ai d'abord mis ses propos sur le compte d'un dérèglement de l'esprit, mais j'ai vite changé d'avis. Par sa forme, l'histoire évoquée par Alice dans sa sinistre chambre de l'hôpital de Sablé tranchait sur les autres bribes qu'elle m'avait confiées à divers moments. Elle était courte et bien ficelée, sans référence au *livre*, sans confusion de personnages et d'époques. C'était une histoire inédite, une version que je n'avais jamais entendue, qui avait dû se transmettre de génération en génération, par les femmes, donc sous le sceau du secret :

La grand-mère de ma grand-mère a été violée par huit soldats de Hoche. Le père Carlin avait été attaché à un arbre et les soldats lui avaient mis de

266

la pâte à pain bouillante dans la bouche pour l'empêcher de réagir pendant qu'ils se livraient à leur infâme besogne. Une fois les militaires partis, la famille a porté plainte. Les violeurs furent arrêtés à Château-Gontier, puis emmenés à Angers pour y être jugés par Hoche. Trois furent fusillés et deux envoyés au bagne...

Dans les archives militaires de cette époque, j'ai retrouvé des histoires similaires, mais pas celle-ci. L'absence de preuve ne condamne pas pour autant le récit d'Alice. Depuis l'automne 1795, Hoche veut en finir avec Cœur de Lion qui n'a signé la paix de Mabilais avec lui que pour fomenter de redoutables attaques contre la République. Il charge donc le général Humbert et sa colonne mobile de le pourchasser, et, pour y parvenir plus vite, de s'installer sur son territoire. Humbert prend donc ses cantonnements à Moisdon-la-Rivière, à cinq kilomètres de Gâtines et d'Issé, considéré à juste titre comme la base arrière du chef chouan. Là vivent ses cousins Terrien et les membres de la famille Defermon qui ne se sont pas rangés dans le camp de la Révolution. Humbert et Cœur de Lion se livrent alors pendant quelques mois un combat féroce et sans merci. À la fureur des uns répondent les excès des autres. La colonne républicaine va tout particulièrement porter ses pas vers Gastines où vivent les ancêtres de ma mère. De nombreux comptes rendus de ces affrontements et autres tueries ont disparu, mais une plainte envoyée le 6 germinal an IV à Lazare Hoche par les habitants du Petit-Auverné, village situé à cinq kilomètres de Moisdon, donne du poids, si besoin est, au récit d'Alice. Cette plainte dénonce :

> … *les horreurs auxquelles ces hommes de sang se sont portés dans les communes par où ils sont passés et dont nous avons les tristes marques dans notre commune, puisqu'ils ont outragé la nature de la manière la plus atroce, sans respect pour l'âge, l'état et le sexe ; en effet, nous avons vu ces monstres mutiler les hommes, violer les femmes enceintes et nouvellement accouchées, déshonorer les filles les plus respectables par leurs mœurs, enfin commettre tous les actes d'un peuple féroce et indompté. Jugez, citoyens, de la terreur que de pareils actes peuvent nous inspirer et s'il est prudent et même possible, d'après cela, de garder nos foyers.*
>
> *Nous vous prions, au nom de l'humanité outragée, de prendre nos justes plaintes en considération et de solliciter pour nous la justice de la Convention. Vous acquerrez les plus justes droits à la reconnaissance de ceux qui sont, avec la fraternité la plus sincère…*

Des horreurs du même type furent commises par les soldats du général Humbert et signalées dans tout le canton de Moisdon, donc sûrement à Gastines, chez les Defermon-Terrien. Précisons également que le général Hoche prit ses quartiers à Angers et qu'en janvier 1796 il était en mesure de suivre de près la mise en jugement de ceux qui avaient gravement porté atteinte à l'honneur de l'armée de la République. Quant à Cœur de Lion, il a lui aussi réagi et de façon brutale aux exactions du général Humbert. Pour ce faire, il a appelé à la rescousse Scépeaux, son chef, qui a alors formé trois colonnes : la première, dirigée par Scépeaux lui-même, l'autre, par Palierne (ce nom ne vous rappelle rien ?), enfin la dernière par Cœur de Lion en personne. Les chouans assaillent la colonne mobile du général Humbert au Petit-Auverné. L'accrochage se solde par deux cents tués chez les Bleus et un nombre indéterminé chez les chouans. Cœur de Lion lui-même a bien cru voir arriver simultanément la fin de sa carrière de soldat du roi et sa dernière heure, quand, son cheval tué sous lui, il n'a dû son salut qu'à Palierne, venu le secourir...

À la suite des plaintes des municipalités contre les agissements des troupes du général Humbert, Lazare Hoche déplaça ce dernier et le remplaça par le général Muscars, qui passait pour plus modéré.

Alice m'a donc rapporté ce que sa mère ou sa grand-mère lui avaient chuchoté. Ce viol de l'arrière-grand-mère avait été vécu par les Terrien comme une infamie, une malédiction, une faute que chaque génération se transmettrait sans pouvoir l'exorciser. Ainsi jusqu'à Alice Terrien, filleule des Ginoux-Defermon, qui n'a pas su gérer ce legs de noirs secrets tombés dans son berceau…

Songeur, abattu par tant de révélations sur tant de malheurs accumulés, j'ai remisé mes feuillets jaunes cependant qu'Alice s'enfonçait lentement et définitivement dans le blanc silence de l'amnésie.

XV

Fin de guerre à Sablé

Une fois apparu comme par mégarde sous ma plume le nom de *Papillon*, je ne suis plus arrivé à m'en défaire. Sans cesse est revenu à mes oreilles le fracas de la balle qui tua ce *Papillon*-là. Un bruit qui ne m'avait en fait jamais quitté, mais qui s'est fait plus assourdissant encore. Le jour de la libération de Sablé, j'ai entendu ce coup de pistolet – ou de fusil – alors que je me trouvais dans le jardin de mes parents, à une quarantaine de mètres du salon de coiffure, auquel on accédait par la ruelle du Plat-d'Étain. À vol d'oiseau, ce jardin n'était éloigné du jardin de la gendarmerie que d'une centaine de pas. C'est là, rue Saint-Nicolas, qu'eut lieu l'exécution. Je suppose qu'intrigué par ce coup de feu je me suis renseigné et ai appris qu'il était destiné à un certain *Papillon*, présenté comme un collabo. Ce 8 août

1944, j'avais six ans et j'ai été le témoin auditif d'une exécution sans jugement...

Pour le centième anniversaire de la fondation de l'école Saint-Vincent, en juin 2005, là où j'ai fait ma maternelle et où, grâce à Mlle Thérèse Collin, j'ai appris à lire et à écrire, je retrouve Gisèle Nourry, la fille du couvreur qui habitait l'une des deux maisons jouxtant la gendarmerie. J'évoque devant elle mon souvenir de l'exécution de *Papillon*. Gisèle enchaîne aussitôt. Elle se souvient fort bien d'avoir assisté avec ses frères au début des préparatifs de l'assassinat de *Papillon*, car depuis leur jardin on voyait ce qui se passait dans celui de la gendarmerie... Jusqu'au moment où des gendarmes sont venus les éloigner d'un spectacle qui ne leur était pas vraiment destiné...

Gisèle et moi n'avons pas rêvé, et pourtant de vieux habitants de Sablé ont dénoncé un trouble de ma mémoire quand, dans une interview aux *Nouvelles de Sablé*, j'ai évoqué cette exécution de *Papillon*. Ces anciens se souvenaient seulement de l'exécution de Lucien Hidoux dans le jardin de la gendarmerie, le soir du 8 août. Hidoux avait été interprète à la Poudrière de Malpaire et, par là même, en relation quotidienne avec les Allemands. Ils m'apprirent que le capitaine Christian d'Hervé, instituteur sabolien, chef des FFI de Sablé, convaincu qu'Hidoux avait appartenu à la

Gestapo et avait dénoncé des résistants, avait décidé de le passer par les armes après un interrogatoire des plus sommaires... Le lendemain de l'exécution, le curé de Sablé avait foncé à la mairie et apostrophé le capitaine d'Hervé d'un violent : « Vous êtes un assassin ! »

Le procès-verbal des délibérations de la délégation municipale de Sablé du 9 août 1944 mentionne cette affaire en la nettoyant de ses aspects les plus sordides. Fernand Lemaire, nommé la veille par d'Hervé à la tête de la délégation, déclare :

> Je peux vous informer qu'Hidoux a été jugé par un tribunal militaire et condamné à mort et exécuté hier soir après avoir avoué qu'il faisait partie de la Gestapo. M. le Curé-doyen s'est ému, au nom de la morale, contre ces jugements et a estimé de son devoir d'intervenir contre ces exécutions qui ne devaient être prononcées que dans la forme légale. M. le Président a rassuré le curé-doyen qui a été mis au courant de la procédure engagée en la circonstance. Hidoux a d'ailleurs été mis à même d'être assisté, et il a refusé.

Plus tard, une enquête conduite par des Britanniques apprit aux édiles de Sablé que Lucien Hidoux avait été en liaison avec le SOE, les services secrets britanniques. La balle du capitaine des FFI aurait tué un agent britannique ! Hidoux et « mon » *Papillon* ne faisaient qu'un : les vieux Saboliens ne connaissaient pas le sobriquet de *Papillon*, donné probablement à Hidoux par les employés de la Poudrière. Quelques jours avant que le bon à tirer du présent livre soit donné, j'ai pu accoler une esquisse de visage au nom de *Papillon*. Rencontrée par hasard dans Paris, Michelle Gourdin, fille des propriétaires du bar-tabac situé entre le salon de coiffure et la gendarmerie, se souvient d'autant mieux de cette exécution sommaire qu'elle connais-sait ce Hidoux qui était un client de sa mère (son père était alors prisonnier) : « J'assimilais Hidoux à hideux. Il était laid, avait une petite tête, toujours coiffée d'un béret… Les FFI étaient persuadés qu'il était responsable des arrestations d'un certain nombre d'entre eux. Et notamment d'Henry Royer… Hidoux avait un fils qui était très beau et qui faisait des études à Paris. Je n'ai jamais connu ce surnom de *Papillon*… » Soixante-deux ans plus tard, ce souvenir me poursuit et est devenu pour moi la clé du tiroir où sont entassées nombre d'images de cette période noire…

Avant de suivre en direct l'assassinat de *Papillon*, j'avais déjà assisté, au bas de la rue Saint-Nicolas, à une scène tout aussi marquante. Des jeunes, un bras-sard FFI au bras, avaient fait sortir Mme Angèle de son salon de coiffure après l'avoir laissée en combinaison. Ils l'avaient brutalement installée sur un siège, devant le salon, et là, au milieu d'une foule vociférante, ils l'avaient tondue et avaient ensuite dessiné des croix gammées sur son crâne rasé et sur sa poitrine... Horrifiée, ma mère était venue en courant m'arracher à ce terrible spectacle.

En quittant Sablé dans la soirée du 7 août, les Allemands avaient fait sauter le pont reliant les deux parties de la ville. Les festivités accompagnant l'arrivée des soldats américains, puis de ceux de la division Leclerc se déroulèrent de l'autre côté de Sablé. Je ne sais trop comment, avec Simone, la jeune fille qui s'occupait de nous pendant que ma mère travaillait au salon de coiffure, nous avons rejoint les soldats sur l'autre rive de la Sarthe. Avons-nous emprunté une barque ou franchi la rivière par le barrage ? Était-ce le jour même de la Libération ou bien un des jours suivants ? Je ne sais. Je me souviens parfaitement, en revanche, de l'odeur que dégageaient les camions et les chars de l'armée américaine, de l'exubérance des soldats et de Simone, des chewing-gums et des paquets de cigarettes distribués par les GI's. Pour vivre ces instants historiques, nous nous étions arrêtés sur la route de Solesmes, entre la piscine et le four à chaux. Je devais être heureux, si j'en juge par mon premier texte politique, écrit en 1944 : « Vive la France. Vive de Gaulle ! Allemands sons des salop ! Les Saméricins il sons très janti, et les zancles i son ousi bien janti. » Texte agrémenté de dessins représentant des croix de Lorraine et une église.

La peur des bombes et des Allemands avait beau appartenir désormais au passé, ses traces restaient néanmoins bien présentes, et je puis encore en faire défiler maintes images datant de cette période : le bombardement de Saint-Nazaire illuminant le ciel de Combrée ; un militaire allemand ivre au beau milieu de la rue Saint-Nicolas, entre la gendarmerie et le salon de coiffure, hurlant et menaçant les gens avec sa mitraillette ; un avion de chasse qui nous survola à très basse altitude alors que nous étions sur un petit chemin proche du pont de l'Outinière ; la crainte de voir mon père partir en Allemagne, ce qu'il se résigna à faire le 22 mai 1944 pour ne pas nous mettre en danger. Le traumatisme de son départ fut aggravé par les bombardements qui suivirent de peu le débarquement, le 6 juin, des forces alliées en Normandie.

Jusqu'à cette enquête familiale, je m'étais taillé un costume de petit héros qui ne redoutait pas les avions tournant dans le ciel de Sablé pour raser la gare, les ponts, viaducs et autres cibles comme la Poudrière. J'avais gardé en tête ce que je disais alors à ma mère : « Regarde, maman, les avions, ils lancent des fleurs… » J'ai peut-être prononcé cette phrase, mais j'avais oublié à quel point ces bombardements me terrorisaient, comme j'ai pu le lire dans les lettres que ma mère adressait à mon père.

Des lettres qui m'ont également fourni quelques instantanés de la vie à Sablé et ailleurs. Ainsi, le 20 juin, ma mère rassure mon père sur le ravitaillement qui ne pose plus de problèmes depuis la suppression des trains :

> *Pour ce qui est de notre ravitaillement, ne te tourmente pas, car nous ne manquons pas. J'ai chaque semaine une livre de beurre chez M. Boutruche et j'en ai eu d'ailleurs, et de la viande tout ce que je veux chez M. Harraut, car depuis ces trains supprimés, il n'y a plus de marché noir et les fermiers ont moins l'écoulement de leurs marchandises, ce qui nous vaut d'être plus favorisés que les gens des villes, car ils doivent être bien malheureux.*

Mais le même jour, maman raconte que sa tante Germaine et sa famille ont tout perdu dans les bombardements d'Oissel :

> *J'ai reçu hier au soir une lettre d'Oissel qui a mis trois semaines à me parvenir, et ils sont sinistrés complètement, les pauvres malheureux : plus ni*

maison ni meubles ; mais sont tous vivants, car ils ont réussi à se sauver à temps.

En ce qui nous concerne :

Pierrot et Annie font leur prière chaque jour pour papa, pour qu'il revienne bien vite... Annie est bien mignonne et a fait d'immenses progrès dans l'art de parler, et c'est une acrobate pour faire la gymnastique dans son lit ; elle est moins poltronne que Pierrot. Il a été bien fatigué et énervé, ces derniers temps, mais j'ai soigné ses vers, car il en avait.

Dans la même lettre, ma mère évoque mon amour de la pêche. Sablé est très animé par les convois allemands qui rejoignent le front normand. Du haut de mes six ans, j'affirme que « la guerre sera bientôt finie et papa viendra bientôt ». J'envoie à mon père une petite lettre :

Cher petit papa, je t'embrasse bien dur, Annie aussi parle souvan de toi, maman travail au salon, je ne vais plus a l'école, c'est les grandes vacances ; ces dimanche, jé été en bateau avec maman. Ton petit Pierre qui pense à toi, un gros baiser, Pierrot et Annie, bonjour de Simone, mardi 20 juin.

Pierre.

Le dimanche 25 juin, ma mère écrit du bord de la Sarthe, à côté du petit pont situé « entre le barrage et la grande prairie » :

> *Pierrot voulait à tout prix pêcher ; j'ai dû céder à son désir et il est heureux, je te prie de le croire, bien qu'il n'a encore rien sorti, mais il n'y a guère que vingt minutes qu'il a commencé.*

Trois jours après cette partie de pêche, j'étais tellement énervé que ma mère m'a emmené chez le médecin qui m'a prescrit un calmant et un fortifiant : « Je pense qu'on va le mettre bien vite d'aplomb et que ses nerfs vont s'apaiser. » Ce n'est que dans sa lettre du 4 juillet que mon père apprendra les vraies raisons de mon énervement :

> *Je dois te dire que Pierrot va mieux… Il lui faudrait une vie calme, ne plus entendre d'avions, car ça lui donne des battements de cœur, et surtout pas de bombardements, car c'est après ces bombardements successifs que nous avons eu neuf fois en dix jours, à partir du débarquement, que notre Pierrot était si énervé, si fatigué. Je voudrais bien que ce calme continue, ça semble bon et ça repose. Ne crains rien, car il y a eu peu de dégâts et le minimum de victimes, 2 tués que tu ne connais pas ni moi non plus, et quelques blessés, mais les petits*

pays environnants ne sont pas plus en sûreté qu'ici, car à Pincé il y a eu deux gardes-voies de tués par la mitrailleuse, à Juigné un gars de ferme, à Louailles deux blessés. Tout ceci remonte à quinze jours, trois et même quatre semaines. Chacun a pris ses précautions et a fait des abris. Pour nous, nous en avons dans le hangar à M. Rousset et chez le père Dalligault qui a bien voulu prêter son terrain. Nous n'y sommes pas allés encore et préférerions bien ne jamais y aller, surtout la nuit.

Le 8 juillet, Alice écrit :

C'est assez calme maintenant, à part dimanche dernier et mardi, deux légers bombardements vers la gare, mais aucun accident. Ne crains pas pour nous, car je ne vais jamais vers les objectifs qui sont la gare et les ponts.

Le 13 juillet, nouvelle allusion aux bombardements :

Les excursionnistes de l'air se promènent assez souvent et nous ennuient assez, mais tant qu'ils ne nous envoient pas de pruneaux, ça va, et nous sommes assez tranquilles de ce côté.

Le 15, j'ai pris six ablettes alors que maman n'a pas réussi à prendre de gardons au chènevis.

Trois jours plus tard, je suis encore fatigué, mais je vais mieux :

> *Comme les bombardements sont plus espacés et moins forts, il est plus calme, et puis je crois qu'on finit un peu par s'habituer dans une certaine mesure, bien que la nuit nous ne sommes pas fiers du tout.*

Le 25 juillet, Alice raconte que des réfugiés de Caen, Saint-Lô, Avranches et autres pays sont passés par Sablé. Ils ont tout perdu :

> *Ils s'en vont dans de la famille ou ils ne savent où, à pied ou à bicyclette, ce n'est plus comme en 1940.*

Ce même jour, elle raconte avec retard l'« immense chagrin » qu'elle a éprouvé en apprenant que Jeanne, « sa très chère sœur », a été hospitalisée à Angers pour un « pneumo » : « Toujours cette terrible maladie qui poursuit la famille depuis quelques années et dont j'ai si peur. »

> *Mais ce n'était pas tout, la série noire n'était pas finie. Une dizaine de jours après le départ de Jeanne, maman est allée passer quelques jours à Angers ; pen-*

dant ce temps, elle a perdu un accouchement, et deux jours après elle fait une chute de bicyclette en descendant au bourg (un enfant déboulant d'une cour à vélo), elle se fracture la cheville, d'où plâtrage et immobilisation pendant quarante jours. Inutile de te dire dans quel état moral a dû se trouver maman alors qu'elle avait tant besoin de toute son activité pour ses malades, Jeanne et Armand... Il me faut déjà bien du courage pour t'écrire de si tristes choses, mais maintenant j'en ai un peu après que j'ai été d'une tristesse et d'un découragement sans nom. J'ai eu une forte dépression nerveuse, comme l'année dernière, et j'ai dû me soigner car, seule, j'étais incapable de remonter le courant. J'ai même demandé au Dr Mercier une visite minutieuse, en lui donnant des détails sur les différents cas de la famille pour qu'il fasse son travail consciencieusement.

Et toujours les bombardements :

Aujourd'hui, la chasse aérienne est ennuyeuse, ils bombardent, ils mitraillent un peu partout, je veux dire dans les plus petits pays. Cette fois, le pont de l'Outinière est complètement coupé d'hier au soir sur cinq à six mètres, alors d'ici un moment ils n'y reviendront pas, j'espère. Pourvu que pour la ville ils n'y viennent jamais ! Le viaduc, ce n'est pas sûr.

Le 27 juillet :

En Normandie, pas grand changement, on voit chaque jour des évacués, mais nous espérons que leur sort ne viendra pas jusqu'à nous : c'est tellement triste, de tout abandonner.

Ma mère apprend à mon père que l'école Saint-Joseph, située à une centaine de mètres du salon de coiffure, a été transformée en hôpital :

Ce sont cent vieillards de l'hôpital du Mans qui sont transférés ici. Il y a une sœur de Saint-Vincent-de-Paul, des cuisiniers ou aides et des infirmiers pour s'en occuper. Alors tous ces petits vieux se promènent par là, la plupart sont paralytiques, c'est bien triste, surtout qu'ils se plaignent bien haut de la nourriture. Tous ceux qui peuvent et qui en ont les moyens achètent du pain, on les voit chaque jour avec leur morceau de pain sous le bras.

Le 1ᵉʳ août, maman raconte que de nouveaux bombardements ont eu lieu dans la nuit du samedi au dimanche :

Les avions ont rôdé toute la nuit. Fusées éclairantes à deux reprises et quelques bombes seulement sur le château de l'Outinière, paraît-il, et je ne sais où, mais ça secouait tellement fort que je croyais que c'était le viaduc. La veille, déjà, ils avaient tenté le pont de Solesmes et pas réussi, les bombes étant tombées à côté. Enfin, nous n'avons pas dormi de la nuit, bien que je ne me suis pas levée. Pierrot, qui avait peur, est venu coucher avec moi jusqu'au matin, car le bruit des bombes l'avait réveillé. En jour, ça va, car nous voyons d'où ça nous vient, mais la nuit j'ai peur moi aussi. Le front de Normandie se rapproche de nous, paraît-il que nous ne serions qu'à 120 kilomètres du front et que l'on perçoit même le bruit du canon. Enfin, l'on verra bien.

Voilà plus de quinze jours que nous n'avons plus de courant, mais plus du tout, pas même cinq minutes ni une par jour. Vu la saison et pour nous personnellement, on s'en passe, mais combien c'est déplorable pour les médecins dans les hôpitaux ou cliniques, car ils ne peuvent plus faire passer de radios ; ainsi, pour le traitement de Jeanne, le docteur travaille dans le vide, c'est réjouissant pour les malades et leurs familles !

Les bombardements n'ont pas empêché, le dimanche, les enfants et les jeunes filles du quartier Saint-Nicolas de distraire les cent vieillards installés dans l'école Saint-Joseph. J'ai encore le souvenir de la préparation de cette fête organisée par quelques jeunes filles du faubourg, et plus particulièrement par Michelle Gourdin, la fille de la buraliste, m'apprenant notamment à chanter « *gentils coquelicots mesdames, gentils coquelicots…* » et à danser autour du tilleul de son jardin mitoyen du nôtre. Une lettre de maman complète ces souvenirs :

Il y avait deux ou trois petites pièces, un exercice rythmique, des chants de jeunes filles et un chant d'enfants, et parmi eux il y avait Pierrot et Annie qui était ravissante, un amour, elle était la plus petite et a amusé toute la société. Elle ne disait que les paroles qu'elle savait, mais en ouvrant une bouche à n'en plus finir, et elle faisait les gestes comme les autres, et c'est là qu'elle était drôle, tu aurais été bien fier de ta fifille. Pierrot chantait avait beaucoup de cœur et faisait cela très sérieusement, et il était heureux que j'aille l'applaudir, il n'en avait jamais tant fait… Hier au soir, beaucoup de convois sont passés, montant vers le front, des blindés, chenillettes, et toute la nuit ça a duré, mais, heureusement, j'ai bien dormi quand même. Vivement que tout ça finisse !

Le 3 août :

La bouillie sent le brûlé et le front se rapproche, nous sommes dans l'inquiétude : que va-t-il se passer ? Serons-nous obligés d'évacuer ? Si nous sommes en danger, je n'hésiterai pas, mais aller où ? Il y en a partout. Il y a des jours nous sommes pleins d'espérance, et le lendemain découragés. Nous espérons la fin bientôt, mais nous retrouverons-nous tous, une fois tout fini, c'est ce qui me fait peur, bien que je m'y attarde pas souvent, que lorsque mes nerfs sont surexcités.

Aussi bien nous avons eu un bombardement. Ils visaient le viaduc et en réalité c'est la route, les fours à chaux et la ferme de la Roche, en haut du jardin public, près de la ligne de La Flèche, qui ont pris. Je me trouvais à la caisse quand ça commencé et je te dis que ça secouait les portes, cloisons et vitrines, mais aucune vitre de cassée. Ça n'a pas duré plus d'une minute, mais c'était si fort que je croyais que ça tombait dans la rue ; aussitôt j'ai couru à mes enfants qui pleuraient et criaient de peur. Annie était dans un petit coin de la cuisine et Pierrot accourait du jardin pour venir près de maman qu'il appelait à grands cris. C'étaient des bombes soufflantes lancées par des gros bombardiers ; c'est effrayant, s'ils reviennent, et pourtant l'objectif n'étant pas atteint, il faut s'y attendre…

Je suis obligée de te raconter ce qui est, car je me suis rendu compte que tu le saurais quand même par les uns ou les autres, aussi je te dis ce qui est. Il y a trois morts qui se trouvaient sur la route.

Les maisons, bien qu'endommagées, ne sont pas par terre, mais tout ce qui est dedans est en miettes, les meubles en morceaux. Vivement la fin de tous ces drames, car si la guerre est un grand drame public, elle engendre aussi bien des drames privés !

Je m'arrête, car je vois que je te raconte des choses plutôt tristes, et il ne faut pas que j'y pense, car je serais triste moi-même, ce qui ne doit pas être à cause des enfants, surtout. Pierrot demande toujours des tas d'explications et je suis obligée de dévier ses conversations, et moi qui ai peur quelquefois, je crâne quand même. Il voudrait bien que son papa serait là ; il me le disait hier au soir encore, et m'a dit aussi : « Oh ! je crois que ça va bientôt être fini. » Enfin, nous avons bien dormi cette nuit.

Cinq jours plus tard, c'est la libération de Sablé. « Ma » guerre est officiellement terminée, mais la mort rôde toujours. Tante Jeanne et tonton Pierre se battent contre la tuberculose. Ma grand-mère Gougeon meurt à Combrée le 28 août. Ma mère déprime et nous n'avons plus de nouvelles de mon père. J'ai beau accumuler les prières pour le faire revenir, il ne réapparaîtra qu'en mai 1945.

XVI

Carré B, tombe 738

Du Chemin des Dames à Paris, à peine plus d'une heure. En 1917 et durant toute cette période, seules quelques heures séparaient aussi la sentence de l'exécution des condamnés. Même proximité et même gouffre entre les tranchées, boyaux infâmes, lieux de souffrances et de mort, et les lieux de pouvoir où des personnages chenus et chamarrés scellaient de façon implacable le destin des poilus.

Très peu de temps aussi séparait deux mondes : la France d'une jeunesse sacrifiée qui allait, le patriotisme en bandoulière, défendre le pays, masquant par sa bravoure et son offrande un tout autre monde, celui des planqués.

Du Chemin des Dames à Paris, à peine plus d'une heure donc en cette fin de week-end, sur la nationale 2. À contresens, des voitures filent vers le présent et la capitale en flot ininterrompu. Je roule pensivement, à petite vitesse, vers mon passé : Soissons et l'oncle Édouard. L'émotion me creuse l'estomac lorsque, en pensée, je reprends l'itinéraire de mon enquête ou plutôt de ma quête commencée au monument aux morts de Saint-Michel-et-Chanveaux.

La route devient bientôt un musée en plein air de la Grande Guerre : observatoire du général Mangin, monument commémorant l'attaque de 1918... Et l'on accède enfin au cimetière national de Vauxbuin, à quelques kilomètres de Soissons. Devant moi s'étendent sur près de trois hectares balayés par le vent des croix alignées et les six ossuaires des 14 421 soldats morts ici pour la France et pour l'Allemagne.

J'ai quitté le monde des « vivants » en ce lieu où rien ne sépare le cimetière français, qui accueille aussi les tombes de 273 Britanniques, du cimetière allemand. En cet après-midi d'hiver gris et pluvieux, je suis seul à arpenter en silence ce reposoir de la mémoire.

Après quelques zigzags hésitants, je sais que je suis arrivé au carré B, puis, enfin, à la tombe 738. Le cœur serré, à examiner la gangue de boue qui enveloppe mes chaussures, je pense à celle, omniprésente, qui recouvrait les vêtements et jusqu'au visage de tous ces hommes morts pour la France.

Sur la croix de béton on a inscrit :

PÉAN Édouard Julien
226ᵉ RI
Mort pour la France le 14 juillet 1917

Cette croix plantée dans la terre détrempée me signifie que nos pérégrinations se terminent et se rejoignent à l'endroit où s'est achevée sa propre route. Avant de quitter l'oncle Édouard, je tiens à rendre visite à ses compagnons d'infortune et de gloire. Il repose entre deux poilus morts comme lui à Brenelle, dans le même hôpital de campagne, conduits eux aussi à l'ambulance 2/18 après avoir été blessés au Chemin des Dames.

C'est Charles Lépousé, l'ambulancier, qui a constaté officiellement les trois décès, selon les déclarations du caporal infirmier François Clerc et de Georges Bourgouin, sergent infirmier. Le médecin-chef Stéphan Hémery a visé les trois actes de décès : outre celui d'Édouard, ceux d'Henri Alexandre Bayeux, Normand de trente-sept ans, mort deux jours avant lui ; et Charles Gustave Jacotey, Franc-Comtois de vingt-neuf ans, mort le 24 juillet 1917 (et non le 27 avril, comme la plaque l'indique).

Péan et Bayeux ont eu le temps de développer un compagnonnage *post mortem* : d'abord inhumées à cinq tombes l'une de l'autre au cimetière militaire de Brenelle, contigu au cimetière communal et à l'église, en bordure du chemin conduisant au bois du Temps-Perdu, plus tard, le 3 février 1922, les deux dépouilles ont été déplacées dans le même cimetière et enterrées à côté l'une de l'autre, avant de prendre la route de conserve pour Vauxbuin au lendemain de la Noël 1923.

Non loin de la tombe de l'oncle Édouard, celle d'un musulman, Silla Almonomi, mort lui aussi pour la France, le 24 septembre de la même année. Sénégalais, né le 14 juillet 1878 à Saint-Louis du Sénégal, tombé au Chemin des Dames, il a perdu une deuxième fois son identité : ses nom et prénom ont pris la place l'un de l'autre et son prénom a été écorché pour devenir « Almonnonni »…

Au fil de mon enquête et presque à mon insu, l'oncle Édouard m'est devenu familier. J'ai hanté ses lieux, me suis imprégné de ses décors, glissé dans le tissu rêche et poisseux de son uniforme. Mystère de la mort, des instants qui la précèdent et scellent à jamais l'essentiel et le mystère d'une vie. L'oncle Édouard a peut-être gardé son secret, mais, en définitive, pas davantage que mes autres oncles que j'ai connus vivants. Je ne saurai bien sûr jamais ce qu'il a ressenti avant de mourir, mais cette remarque est tout aussi vraie pour mon oncle Armand qui s'est suicidé, ou pour mon oncle

Pierre, le très catholique. En découvrant son nom et son prénom, mon cœur s'est mis à battre à un rythme accéléré, mais en moi point de tristesse, car je ne l'ai jamais senti aussi proche… Au point de m'entendre lui murmurer : « Je suis fier de t'avoir comme parent. Tu sais, mon père aurait été heureux de me savoir recueilli sur ta tombe et te rendre hommage, toi qui m'as guidé jusqu'à lui. »

J'ai tenté de faire revivre Édouard qui m'a permis de faire revivre un peu mon père. J'ai redonné à chacun des deux frères sa place dans ma mémoire, et je peux désormais les voir bouger, marcher, courir, aimer, chanter, jouer de l'accordéon, mais aussi les entendre me confier quelques secrets, des principes de vie, ceux qu'on apprenait ou plutôt dont on s'imprégnait dans la forêt de Saint-Michel-et-Chanveaux.

Le 12 octobre 2004, *Ouest-France* consacra un article à l'enquête que je menais autour de Saint-Michel-et-Chanveaux. La nuit suivante, je rêvai que je m'appelais Pierre Faux. Dans ce rêve, la question était de savoir si j'allais pouvoir reprendre ma véritable identité. Ce songe m'a laissé très perturbé et je me suis alors livré à plusieurs interprétations. Parvenu à ce que je sais être le terme de mon périple, ici, au milieu de ce cimetière, je ne me pose plus de questions. Je porte bien le nom gravé sur la tombe de mon oncle, et je suis aussi, d'une certaine façon, *un petit gars de Saint-Michel.*

En quittant le cimetière de Vauxbuin, sans que je sache comment, l'idée a cheminé : il me fallait absolument récupérer l'accordéon du petit coiffeur de Sablé, le remettre en état pour en extraire quelques sons après un long mutisme de plus de cinquante ans. Voilà qui est fait… Aujourd'hui, il est là, devant moi, tel que sur la photo, dans les bras d'Eugène, pour la fête de la classe 33. Il est bien vivant avec son joli coffre de hêtre sur lequel je lis : *L'Organola, Premiata Fabrica d'Armoniche.* Ses proportions sont belles et il me tend les bras. Je le contemple et les images affluent. Je passe sa bretelle de cuir sur mon épaule, ma main gauche sur le clavier aux touches de nacre, ma main droite se faufile entre le bois et la lanière garnie d'un petit coussin, et mes doigts se posent sur les boutons du deuxième clavier. Bras écartés, comme si j'allais enlacer quelqu'un, j'écarte le soufflet pour prendre de l'air, puis referme mes bras tout en caressant les touches et les boutons de chaque côté. Quelques notes maladroites et vibrantes s'échappent, qui me ramènent à mon enfance. Ça y est, j'y suis. Les images affluent… J'ai retrouvé mon père.

POSTFACE

par Jean Grégor[1]

Mon père un jour m'a demandé de lire ce manuscrit qu'il venait d'achever d'écrire sur son père et son oncle. Il me dit : « Si tu peux en ôter les longueurs que je n'aurais pas vues, cela me ferait plaisir. » Je savais ce livre en préparation. Nous parlons, souvent. Mon père, je vais le voir dans le fond de son jardin. Il me raconte des histoires, les siennes, les avancées de ses enquêtes. Cela ne me passionne pas autant que lui, mais qu'importe, je suis avec lui. Je m'installe dans un petit fauteuil club et nous parlons – quand le téléphone ne sonne pas. Parfois je le dévisage ; il a les traits tirés, il me dit : « Je bosse beaucoup. » Je souris. Je lui ai dit

1. Écrivain, auteur notamment de *Jeunes cadres sans tête* et *L'Ami de Bono*, Mercure de France.

maintes fois qu'il pourrait profiter un peu plus de la vie. Je lui ai reproché de ne pas prêter assez attention à mes enfants, de ne pas être un « grand-père normal ». Mais il reste ce qu'il est. Il aime couver ses enquêtes.

Mon père et moi sommes dans une relation d'accoutumance. Quand nous ne pouvons pas nous voir, je l'appelle, il m'appelle. Nous échangeons quelques mots sur tout et rien. Cela me fait du bien. Parfois, mon besoin de le voir ou de lui parler me dépasse et va, je le sens, bien au-delà du fait qu'il est mon père. Il constitue pour moi un repère extrêmement stable, mais incarne aussi une option pleine d'espoir face à tout « pouvoir ». Le fait qu'il a bâti sa vie hors de toute dépendance hiérarchique (il vit de ses livres) est un encouragement insigne. De même le fait qu'il s'attaque régulièrement à plus grands et plus puissants que lui. Enquête après enquête, malgré les turbulences, les coups portés, il est toujours au fond de son jardin. Il me parle souvent de sa « carapace ». Cette carapace, je crois, me sert indirectement.

Je me suis donc retrouvé un matin avec son manuscrit entre les mains. Je ne suis pas familier de ce genre d'exercice. J'écris des romans et mon excitation vient plutôt du fait de créer des personnages, des situations. Ce fut donc assez curieux, pour moi, de me mettre dans la peau de mon père parlant de son propre père. Je me suis dit d'emblée que cette expérience serait unique, qu'elle appartiendrait à « notre histoire ».

Si j'ai eu la révélation de certaines histoires de famille, j'ai aussi découvert mon grand-père sous un autre angle et je trouve que son parcours, ses origines expliquent beaucoup l'ambiance sévère qui nous marqua, ma sœur et moi, lors de nos longs séjours à Sablé-sur-Sarthe. Moi non plus, je n'avais pas les paramètres pour le juger. Mes relations avec lui ne furent toutefois jamais conflictuelles. J'ai beaucoup aimé mon grand-père, peut-être parce qu'avec lui un sourire ou un geste d'affection se méritaient. Je crois pouvoir dire que nous étions, ma sœur et moi, des enfants sages, et cela l'enchantait. Après avoir arboré un visage fermé, dur, il finissait par s'ouvrir comme si notre comportement en avait été le sésame, comme s'il se sentait, grâce à nous, rassuré sur nos intentions, voire sur l'avenir. Et c'est alors que son visage s'illuminait, il devenait notre « papi », doux et taquin, capable de nous faire rire ou sourire. Certes, il y avait énormément de maladresse chez lui. Mais n'était-il pas avec nous comme il n'avait jamais pu être avec ses propres enfants ? Possible, à présent que sa vie active était derrière lui, que la guerre était passée, qu'ils vivaient dans des conditions décentes, ma grand-mère et lui. Et puis, comme on a coutume de dire : les enjeux étaient moins importants avec des petits-enfants.

Malheureusement, je n'ai pas connu les critériums cyclistes avec lui. J'ai juste connu sa passion pour le Tour de France… à la télévision ! Je me souviens de ces après-midi passés devant le poste, dans la cuisine, juste derrière le salon de coiffure. Il nous prenait à témoins, ma sœur et moi, alors que nous n'y comprenions rien. Il était fasciné par une échappée ou par un « contre la montre ». Il gesticulait sur sa chaise, et parlait, parlait. Nos voix naïves parvenaient parfois à se frayer un chemin pour demander qui était le coureur au maillot vert, jaune ou à pois. Il nous répondait Eddy Merckx ou Poulidor… Parfois il nous prenait dans ses bras. Notre câlin était secoué par ses sauts de joie ou de déception, mais peu importe, nous étions avec lui. C'étaient de bons moments. Je me souviens d'avoir porté par la suite une malheureuse casquette la visière à l'envers, sur mon petit vélo : j'étais fier !

Des gestes comme ceux-là, il en fallait, parce que bien souvent nos parents nous laissaient un mois entier à Sablé. Ils partaient en voyage, assez loin. Le temps était long. Ma grand-mère réussissait à nous le faire oublier par quelques mets de sa composition. Un grand classique, les substituts affectifs sous forme de mets. Mais les siens étaient assez révélateurs de leurs origines. Ainsi un de mes plats favoris était la soupe au lait : de simples croûtons qu'en ville on aurait jetés, qu'elle trempait dans du lait et saupoudrait d'un peu de sucre. Le riz au lait aussi, ou les galettes de sarrazin. Ma grand-mère ne confectionnait jamais de brioches au beurre ou de gâteaux au chocolat. À Sablé nous apprenions qu'il était possible de se régaler avec des restes ou des plats extrêmement simples.

J'ai d'autres bons souvenirs en compagnie de mon grand-père, et étonnamment je les partage avec mon père. Le lieu est le même, la situation aussi. Pour passer de l'endroit où nous dormions à la cuisine, il nous fallait traverser le salon. Et me voilà, encore mal réveillé, j'ouvre la porte donnant sur le salon, il y a des clients, mon grand-père s'arrête de manipuler ses ciseaux. Il parle de moi à ses clients, je souris, je dis bonjour. Double bonheur pour lui : en montrant qu'il a un petit-fils, il se sent aussi autorisé à parler de son fils, « grand reporter », dont il a laissé ostensiblement traîner les reportages dans *L'Express*, entre deux magazines dont ma sœur et moi lisons les bandes dessinées. Je suis donc aussi la fierté d'Eugène, et cela me remplit le cœur. De ces moments, mon père en a également connu, à trente ans d'intervalle, et je sais combien, pour lui aussi, ils ont pu compenser le reste.

Je me souviens de mes débuts à la pêche, et si l'endroit n'est pas exactement le même, il s'agit du même décor champêtre aux abords de Sablé : sur les berges de la Sarthe, sous ses ciels immenses et dégagés, parmi d'amples saules pleureurs et de vieux platanes. Pour ma part, j'ai envoyé voler beaucoup d'hameçons dans les frondaisons, ce qui arrive à un enfant qui croit avoir ferré et tire trop vite la gaule – croyant cette dernière lestée d'un poisson. Comme mon père, donc, j'ai connu ces longs moments où, les yeux rivés sur le bouchon, l'enfant et l'ancêtre communient dans le silence et la sérénité. Cela m'a toujours étonné que mon grand-père, pourtant si bavard, ait aimé la pêche, son mutisme patient. Je me dis aujourd'hui que cette discipline lui faisait du bien, qu'elle relevait d'une purge tant personnelle qu'affective.

J'ai connu tout le cérémonial qui allait avec la partie de pêche : les pique-nique, la traversée d'un pré interdit, bardés de musettes, à la recherche de « l'endroit où ça mord ». J'ai connu aussi le poisson au four, moment nettement moins excitant quand les prises pêchées (des poissons de rivière) avaient un goût de vase et une chair marronnasse. On était loin du poisson idéal de supermarché !

J'eus aussi droit, comme mon père, au récit de quelques aventures de mon grand-père. Généralement, c'était pour nous prouver à quel point il était fort. Ainsi, je connaissais ses exploits quand il charriait des sacs à farine sur son dos. Je me souviens aussi qu'il me fit tâter ses muscles, je n'en revenais pas : en lieu et place de biceps, il avait des boules dures comme du buis qui reléguaient mon avenir d'adulte bien plus loin que je ne le pensais ! Plus tard, son désir de nous prouver sa force ne nous impressionnait plus guère, devenait même pathétique. Un jour, il nous emmena faire un tour en barque sur la Sarthe. Dans un défi qui ne concernait plus que lui, il se mit à ramer avec force, puis dérapa et chuta au milieu du bateau. C'était un peu navrant de le voir s'acharner à vouloir passer pour un jeune de vingt ans. Ma sœur et moi avions envie de lui dire que nous ne l'aimions pas seulement pour sa force. C'est d'ailleurs ce que nous avons fait, de manière indirecte, en continuant à l'accepter tel qu'il était, un personnage parfois têtu, acariâtre, tonitruant, mais si attachant.

Durant la « relecture » de ce livre, nous avons bien sûr discuté, mon père et moi. Ce fut un vrai bonheur pour moi que de parler avec lui de sujets moins factuels et extérieurs que ceux de ses enquêtes classiques. Car son sujet d'enquête était cette fois plus flou. Il ne concernait pas seulement des faits à proprement parler, mais s'aventurait sur des terrains moins sûrs, ceux des impressions et

301

des sentiments. C'est ce qui avant tout m'a plu, en tant que fils, mais aussi comme lecteur : que Pierre Péan tombe le masque. Non qu'il parle de lui en permanence (je n'aurais pas supporté, et lui non plus d'ailleurs !), mais qu'il ne s'évite pas, qu'il soit présent en chair et en os dans cette enquête, qu'on le voie marcher sur les lieux, qu'on l'entende respirer ! Ce livre lui a donné l'occasion de se dévoiler un peu. En même temps que j'apprenais à connaître un grand-oncle mythique et que je découvrais des aspects inconnus de la vie de mon grand-père, j'ai eu l'impression d'approcher mon père sur son propre terrain, en usant de ses propres méthodes. Notre vie et nos sentiments étaient devenus un sujet d'enquête, donc un centre d'intérêt pour lui : pain béni !

Je me souviens de ce jour où je lui ai appris que moi aussi, j'avais connu le fameux accordéon.

– Oui, lui dis-je, c'était pour une fête avec les Gougeon, ou peut-être était-ce pour leurs cinquante ans de mariage, ou un peu avant... En tout cas, je sais que c'était peu avant que papi ne meure... J'avais été étonné qu'il en joue si bien... Et j'ai ressenti une vive émotion quand il a interprété *Viens, poupoule...* Je l'ai même marqué sur un carnet...

J'ai vu les yeux de mon père briller. Peut-être ce que je venais de lui dire le rassurait-il, car il n'était pas sûr que l'accordéon eût « atteint » ma génération.

J'ai effectivement retrouvé dans un carnet des notes sur mon grand-père interprétant *Viens, poupoule*. J'en avais même retranscrit un couplet. Cette chanson populaire n'a pourtant rien d'étourdissant. Mais, interprétée par la voix un peu brisée de mon grand-père, d'un homme si petit mais que j'avais longtemps cru si grand, manipulant un instrument comme l'accordéon, la chanson avait eu beaucoup d'effet sur moi. Devant nous tous, les anciens mais aussi la jeune génération, il tentait d'interpréter un air enjoué qu'il ne pouvait s'empêcher de rendre triste. Cette force qui avait toujours été son alliée, cette énergie qu'il avait peut-être crue éternelle, il ne pouvait se résigner à les voir disparaître. Dans un blazer trop large pour lui (et qui de toute façon ne correspondait pas à son style), retrouvant cette musique à laquelle bien des années plus tôt il avait renoncé, Eugène faisait l'aveu poignant que la vie ne l'intéresserait plus dès lors qu'il deviendrait un « petit vieux », pour reprendre ses propres mots. L'adolescent que j'étais en versa toutes les larmes de son corps, et aujourd'hui encore *Viens, poupoule* fait partie – parmi un répertoire généralement moins nostalgique – des chansons qui me bouleversent.

Quant à l'harmonica, je me souviens de l'avoir vu à l'occasion du déménagement d'une armoire. Je me rappelle aussi avoir voulu l'essayer : blasphème ! Un instrument comme ça (où l'on dépose sa bave) ne peut être que la propriété exclusive d'un seul ! Mes grands-parents étaient obsédés par l'hygiène, eux qui étaient issus d'une époque et d'une région où, dans les familles, on mourait de maladies transmissibles.

Il est vrai qu'on manquait un peu de fantaisie, chez mes grands-parents. Il ne fallait jamais penser mal, encore moins se moquer des gens. La fantaisie était un défi à ce mode de vie qui avait été le leur : du respect pour ceux qui leur avaient donné la vie (les pauvres, les gens de peu) mais aussi pour ceux qui les avaient fait vivre (les clients). Certes, j'ai connu, comme mon père, les envolées d'Eugène contre les bourgeois, mais ce n'était jamais devant eux ni dans un but de provocation à leur égard. Peut-être y avait-il là aussi un reste de superstition : se moquer des autres, n'était-ce pas risquer de provoquer la colère de forces supérieures ? La grande ville – d'où nous venions, ma sœur et moi – ne connaissait pas ce genre de préjugés, bien au contraire. Ainsi l'univers de mes grands-parents n'était pas seulement « éloigné » parce que situé en province, loin de Paris, mais aussi parce qu'une certaine forme de modernité n'y avait pas droit de cité. Quand elle venait nous chercher à Sablé, ma mère faisait figure de provocatrice dans ce microcosme où le qu'en-dira-t-on régnait en maître. Elle ne l'était nullement : simplement elle ne faisait taire ni son sens critique, ni son sens de l'humour.

Chez ces gens, le regard des autres et le sens moral avaient pris tellement d'importance qu'ils avaient écrasé le reste. Qui aurait pu leur dire de « profiter un peu » et faire profiter leurs petits-enfants ? Au lieu de nous exhiber ses muscles, papi aurait pu aussi bien nous jouer quelques mazurkas : son image d'adulte aurait peut-être été pour nous tout aussi éloignée, mais combien plus fine et sensible !

Te rends-tu compte qu'il a fallu attendre la veille de ta mort pour que tu nous révèles ton passé d'accordéoniste ? Et qu'il a fallu tout un livre pour te débarrasser de cette gangue dont t'enrobait le regard des autres ? Je me plais à penser que, là-haut, délesté de tes regrets, du poids de tes origines, tu n'hésites pas à empoigner ton accordéon pour faire danser les tiens, à commencer par Alice et l'oncle Édouard.

Restait pour moi – pour nous – une énigme à résoudre : d'où venait au juste cet accordéon ? Nous savions qu'Eugène l'avait eu bien avant ses vingt ans, et je ne suis pas certain que l'instrument était neuf, vu son coût et le peu d'argent que le *bicard* avait en poche. Il n'est pas impossible qu'Adolphe, son père, ayant joué de son violon dans de nombreuses fêtes, ait connu des gens capables de l'aider à se procurer l'instrument : jouer dans les fêtes, puisque mon grand-père le fit aussi, était une tradition qui se transmettait de père en fils. Un jour, en discutant, cette hypothèse s'est présentée à nous : peut-être l'accordéon était-il celui de son frère Édouard ? Mon père appela les personnes qui avaient connu Eugène et l'oncle Édouard, c'est-à-dire M. Joly et Mme Aillerie, mais, sur ce point précis, ils furent incapables de témoigner : c'était un détail que les années avaient complètement effacé. En y réfléchissant bien, cette hypothèse avait quelque chose d'assez logique : Édouard était l'aîné, il s'apprêtait à jouer de la musique pour les autres, comme son ancien, mais sur un instrument plus moderne. Un instrument qu'il se serait procuré quelques mois avant de partir à la guerre, dans les mêmes conditions peut-être que sa montre gousset. J'imagine Édouard actionner le soufflet, s'entraîner quelques mois sur les conseils de son père... Puis c'est la mobilisation, et la fin que l'on connaît.

Il faut imaginer le petit Eugène, cinq ans, apprenant que son frère est mort à la guerre. Il tourne autour de l'instrument qu'il a vu durant toute sa petite enfance. Un beau jour, il s'en empare et le fait revivre, trop tenté de se mettre à la place de son grand frère, mais aussi de reprendre un flambeau éteint prématurément.

Plusieurs fois dans le bureau de mon père, nous sommes revenus sur cette éventualité. Nous finissions toujours par regarder l'accordéon, muets et interrogateurs. L'instrument était là, immobile, replié sur son mystère. L'objet seul connaissait les conditions dans lesquelles il avait été acheté.

Un jour, nous avons pensé à le faire démonter : après tout, il existait bien une pièce à l'intérieur, une plaque quelconque mentionnant la date exacte de sa fabrication. Mais – sans doute était-ce un reste de superstition – démonter entièrement l'instrument nous apparut vite comme une solution trop violente et inadaptée. A quoi bon savoir avec certitude? L'accordéon était capable de reproduire des sons magnifiques, c'était déjà beaucoup. Il faudrait donc se contenter de nos suppositions. Il est des fois où le détail n'a plus d'importance, seul compte l'ensemble. Et puis, l'enquête pouvait bien céder la place à la magie.

Juin 2006

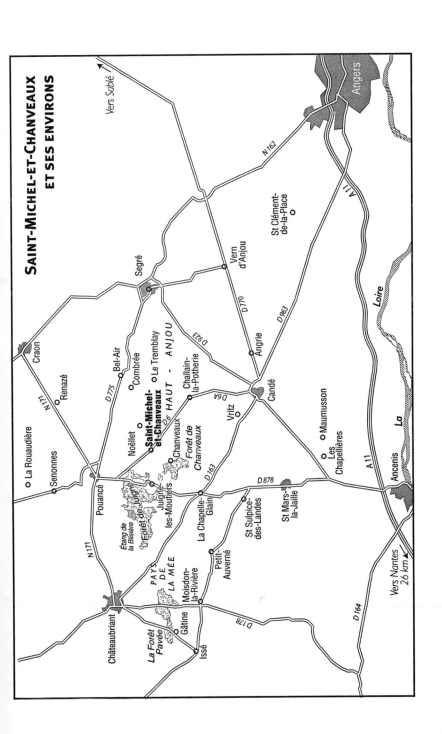

SAINT-MICHEL-ET-CHANVEAUX ET SES ENVIRONS

Vers Sablé

Angers

N 162

A 11

St Clément-de-la-Place

Vern d'Anjou

Segré

D 770

D 963

Angrie

Craon

Bel-Air

Combrée

Le Tremblay

Challain-la-Potherie

D 923

D 775

Renazé

D HAUT - ANJOU

Noëllet

Saint-Michel-et-Chanveaux

Chanveaux

Forêt de Chanveaux

Candé

D 6A

Vritz

Maumusson

N 171

La Rouaudière

Senonnes

Pouancé

Étang de la Blisière

Forêt de Juigné

Juigné-les-Moutiers

D 163

La Chapelle-Glain

D 878

St Sulpice-des-Landes

St Mars-la-Jaille

Les Chapelières

A 11

Ancenis

La Loire

N 171

PAYS DE LA MÉE

Moisdon-la-Rivière

Petit-Auverné

Châteaubriant

La Forêt Pavée

Gâtine

Issé

D 178

D 164

Vers Nantes
26 km

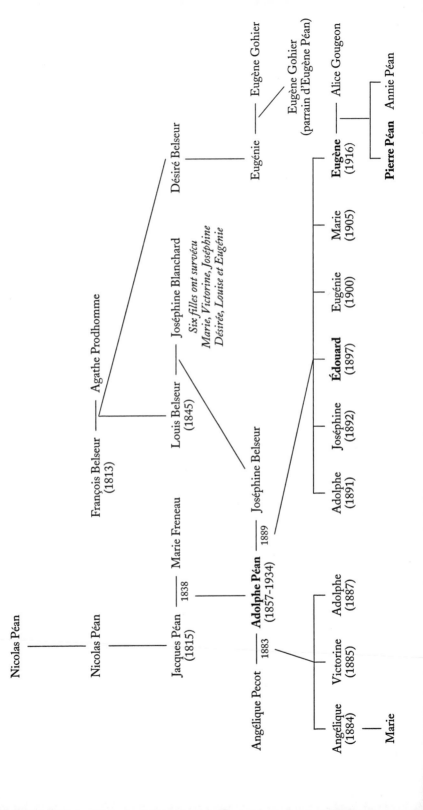

La famille d'Alice Gougeon toujours marquée par *Cœur de Lion*

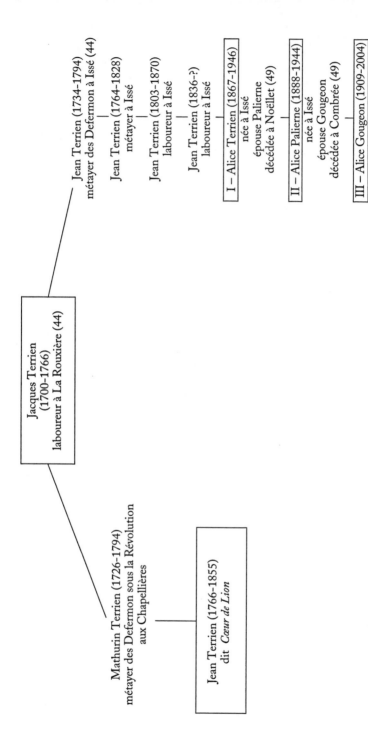

Jacques Terrien
(1700-1766)
laboureur à La Rouxière (44)

Mathurin Terrien (1726-1794)
métayer des Defermon sous la Révolution
aux Chapellières

Jean Terrien (1766-1855)
dit *Cœur de Lion*

Jean Terrien (1734-1794)
métayer des Defermon à Issé (44)

Jean Terrien (1764-1828)
métayer à Issé

Jean Terrien (1803-1870)
laboureur à Issé

Jean Terrien (1836-?)
laboureur à Issé

I – Alice Terrien (1867-1946)
née à Issé
épouse Palierne
décédée à Noëllet (49)

II – Alice Palierne (1888-1944)
née à Issé
épouse Gougeon
décédée à Combrée (49)

III – Alice Gougeon (1909-2004)
née à Juigné-des-Moutiers
épouse Péan
décédée à Parcé (72)

TABLE

Composition :
ParisPhotoComposition
75017 Paris

Achevé d'imprimer en septembre 2006
*par **Bussière***
à Saint-Amand-Montrond (Cher)
pour le compte de la librairie Arthème Fayard

35-57-3266-0/01

ISBN 2-213-63026-7

Dépôt légal : septembre 2006.
N° d'édition : 74755. – N° d'impression : 062937/4.

Imprimé en France